Rainer Zerbst

Gaudí

1852-1926

Antoni Gaudí i Cornet — une vie en architecture

Benedikt Taschen

Illustration de la couverture (page de titre): Parc Güell, détail du toit de la conciergerie dont le sommet en forme de tour est couronné par une «amanite mouchetée».

Illustration au dos de la couverture: La Sagrada Familia, côté interne de la façade est.

Frontispice: portrait d'Antoni Gaudí, photographie de 1878.

Sans le travail de prédécesseurs, le présent volume n'aurait pu voir le jour. En 1978, parut chez Rikuyo-Sha une œuvre en deux tomes sur l'architecte Gaudí, intitulée:
»Gaudí: Arte y arquitecuta«.
Le professeur Juan Bassegoda Nonell, titulaire de la chaire consacrée à Gaudí à l'université polytechnique de Cataluña, en écrivit le texte. Cette œuvre présente en outre, des plans de bâtiments de Gaudí, reconstitués par Hiroya Tanaka. Vous en trouverez une sélection dans ce livre. En 1984, la fondation »Caixa de Pensions« organisa sous l'égide du professeur Juan Bassegoda Nonell une exposition itinérante sur Gaudí. Il rédigea aussi un catalogue de l'exposition pourvu de nombreuses reproductions dues aux photographes de la fondation »Caixa de Pensions«. Ces reproductions proviennent des archives de la chaire de l'université polytechnique de Cataluña, qui est l'institut de recherches le plus important quant aux œuvres de Gaudí. Les reproductions du présent livre sont tirées en partie du catalogue de l'exposition qui s'est, de par sa riche documentation, avéré indispensable pour nous. En 1985, Rikuyo-Sha présenta une édition en un volume de son œuvre sur Gaudí de 1978, intitulée aussi **»Gaudí: Arte y arquitectura«** qui représente la base de ce livre.
Nous remercions tous les participants qui nous ont aidé à réaliser ce project.

© 1990 Benedikt Taschen Verlag GmbH & Co. KG.,
Hohenzollernring 53, D-5000 Köln 1
© Rikuyo-sha Publishing, Inc., Tokyo, Japon, 1985
Photographie: François René Roland
Traduction: Albert Walther
Réalisation de la version française: Redaktionsbüro Cremer/Gast, Düsseldorf
Production: Buch- und Offsetdruckerei Ernst Uhl, Radolfzell
Printed in Germany
ISBN 3-8228-0105-4
F

Sommaire

Gaudí — une vie en architecture

C'est bien la moitié de Barcelone, semble-t-il, qui portait le deuil, ce douze juin 1926. Le cortège funèbre qui cheminait à pas lents depuis l'hôpital de Santa Cruz dans le vieux Barcelone en direction de l'église de la Sagrada Familia, s'étirait sur un kilomètre. Des milliers de gens s'agglutinaient sur les bords de ce long trajet de quatre kilomètres pour rendre un dernier hommage à Antoni Gaudí i Cornet, «le plus génial de tous les architectes» — ainsi que le nomma un jour son ami et collègue de travail, Joaquim Torres García —, ou bien «le plus catalan de tous les Catalans». C'est pourquoi, il ne manquait pas un dignitaire de son pays natal dans la suite du cortège.

Gaudí était devenu un héros populaire depuis longtemps. Le gouvernement avait ordonné qu'il fût enterré dans la crypte de l'église qui était encore inachevée; et le pape avait accordé son consentement. Gaudí trouvait le repos ultime dans le lieu où il avait travaillé durant les quarante dernières années de sa vie, où il avait même travaillé exclusivement durant les douze dernières. Il s'était créé un pays à lui et un enterrement glorieux lui revenait.

Cependant, cinq jours auparavant, il en était tout autrement. Comme tous les jours en fin d'après-midi, Gaudí avait entrepris, après son travail, une petite promenade à pied pour aller prier dans l'église St Philipp Neri. En chemin, il fut happé par un wagon de tramway qui le traîna sur le sol. Gaudí s'effondra, sans connaissance. Mais personne ne reconnut cet architecte qui, certes, était devenu un personnage célèbre à Barcelone, mais que personne n'avait eu l'occasion d'approcher réellement. Des chauffeurs de taxi refusèrent de transporter à l'hôpital cet homme pauvrement vêtu (ce qui, par la suite, leur fit encourir de graves peines). Des passants charitables s'occupèrent alors du blessé. Une fin bien insolite pour le plus célèbre architecte d'Espagne. Et pourtant, un tel mélange est tout à fait caractéristique de la vie de Gaudí. Même si en fin de compte, il a connu l'intérêt de l'opinion publique, celui de l'état, et encore plus celui de la population, rien ne lui avait prédit un tel avenir à la naissance.

Il naquit le 25 juin 1852 à Reus. Son père étant chaudronnier, son enfance ne baigna pas particulièrement dans la richesse. De plus, le petit Antoni fut, dès son plus jeune âge, tourmenté par la maladie. Un rhumatisme empêchait déjà l'enfant de chahuter dans la rue avec des compagnons de son âge. Le jeune garçon était souvent rivé à la maison; parfois, c'est à dos d'âne qu'il devait se déplacer. Toute sa vie a été marquée par cette maladie: les crises de rhumatisme ne le lâchèrent pas jusqu'à sa mort. Les médecins lui prescrivirent de suivre un régime végétarien strict et de prendre, fort modérément, de l'exercice, ce que constituaient, entre autres, les promenades coutumières menant à l'église St Philipp Neri. Dans sa jeunesse, Gaudí fit aussi de nombreuses randonnées dans la région ce qui, pour l'époque, était tout à fait inhabituel.

Certes, il serait oiseux de se demander si, sans sa maladie, Gaudí serait aussi devenu l'architecte qui est entré dans l'histoire de l'Espagne. Néanmoins, si ce n'est pas sans difficultés que le petit Antoni arrivait à se mouvoir, il promenait son regard autour de lui et laissait vagabonder ses pensées. Il doit avoir été un enfant précoce qui éberluait son entourage par de surprenants éclairs de génie. Un jour que le maître d'école faisait remarquer que c'est grâce à leurs ailes que les oiseaux peuvent voler, Antoni objecta aussitôt que les poules dans la basse--cour avaient également des ailes mais s'en servaient pour courir plus vite. Ce don aigu de l'observation et l'habitude de tirer des enseignements du monde

Ci-dessus: Croquis de la maison 4 Calle de San Juan à Reus. La maison n'existe plus; c'est probablement là que naquit Gaudí.

Ci-contre: Gaudí à son bureau dans la Sagrada Familia. Le croquis est de la main de Ricardo Opisso.

Ci-contre: Etude d'un portail de cimetière que Gaudí réalisa en 1875 comme diplôme d'examen de l'Académie dans la matière «ébauche».

quotidien, il les garda toute sa vie durant; on peut même dire que ces dispositions marquèrent toutes ses constructions. De plus, c'est déjà à l'école de Reus qu'il s'enthousiasma pour l'architecture. De nos jours, bien sûr, cette école porte son nom. C'est à l'âge de dix-sept ans qu'il se rendit à Barcelone pour faire des études d'architecte.

Un génie ou un fou?

Même pendant ses études, il est resté attaché à la pratique: parallèlement à ses études théoriques dans les instituts et sur la planche à dessin, il travaillait — pour gagner son pain — dans les bureaux de quelques architectes de la ville.

Il ne semble pas avoir été un étudiant particulièrement brillant; néanmoins, ses performances lui permirent d'acquérir une formation solide et les connaissances essentielles de l'architecture; pour son étude d'un portail de cimetière, il obtint même la mention «excellent», ce qui rendit possible — après quelques obstacles — son admission à son examen. A l'université, c'est sa passion pour l'architecture qui se fit jour, mais également son originalité. Afin de conférer plus «d'atmosphère» à son étude, il avait commencé par dessiner un corbillard et ce véhicule avait manifestement été réalisé avec beaucoup plus de minutie que le bâtiment lui-même. Cette originalité ne resta pas cachée à ses professeurs. Pour le directeur de l'Institut d'Architecture, il ne faisait aucun doute que, cette année-là, on avait reçu à l'examen ou bien un génie ou bien un fou — jugement que Gaudí rencontra maintes fois dans sa vie. Car s'il avait bien parcouru le cursus normal des études, il s'éloigna bien vite des canons académiques de l'architecture de son époque.

Gaudí trouva son inspiration aussi dans les livres. Ses débuts n'eurent rien de révolutionnaire. Néanmoins, c'est dans un climat extraordinairement favorable qu'il se mit à la recherche d'un style personnel. L'architecture européenne se trouvait dans son ensemble à un stade d'ouverture et de recherche. Il n'existait guère de règles fixes. Le 19ᵉ siècle avait assisté à l'établissement de l'histoire en tant que science: les siècles précédents — même dans le domaine de

Ci-dessus: L'Université de Barcelone (façade principale donnant sur l'Avenida Gran Via de les Corts Catalanes)

Page 8: Etude de Gaudí pour une cour couverte de l'administration provinciale de Barcelone (détail, aquarelle).

Ci-dessus: Esquisse d'une fontaine pour la Plaça de Catalunya à Barcelone. Cette fontaine qui devait atteindre quarante mètres de hauteur et couvrir toute la place ne fut jamais construite.

Page 11: Croquis d'un embarcadère, dessin et vue de face (en haut), dessin et vue latérale (en bas). Le prix que Gaudí avait espéré pour ce projet ne lui fut pas attribué.

l'art — firent l'objet d'études et se trouvaient prêts à être exploités par de jeunes étudiants. Il s'ensuivit un éclectisme souvent débordant.

Ceci fut aussi favorisé par l'apparition de nouvelles modes. Après la rigueur classique, on commença à se libérer du corset des règles strictes. Le romantisme avait préconisé la liberté des sentiments et de l'individu. C'est dans le style des jardins que ceci se manifesta de la façon la plus évidente. Après l'époque des jardins à la française, fortement structurés, aux lignes droites et aux arbres proprement taillés, on assista au rayonnement des jardins à l'anglaise. La devise était de laisser faire, laisser pousser. Bientôt, on se passionna même pour des jardins sauvages dont l'aménagement, bien sûr, était artificiel.

A cela s'ajouta un enthousiasme véritable pour le passé, pour le Moyen Age qui avait été dénigré comme une époque «obscure» par les esprits éclairés du dix-huitième siècle. On assista à une renaissance de l'art gothique — le gothique étant, à vrai dire, compris comme tout ce qui avait des allures médiévales. On construisit des châteaux à l'ancienne, on plaça même dans les jardins de fausses «ruines». Une forte aversion à l'égard des lignes nettes se répandit et amena finalement toute une ornementation d'entrelacs qui devint la caractéristique essentielle de l'Art Nouveau.

Le monde artistique espagnol ne fut pas non plus sans subir toutes ces influences bien que la presqu'île ibérique se soit toujours trouvée un peu isolée des grands courants européens et constituât un monde en soi. Les écrits du critique d'art anglais John Ruskin furent avidement dévorés en Espagne aussi

et ils ne restèrent pas sans effet sur Gaudí non plus. «L'ornementation est l'origine de l'architecture», prêchait Ruskin en 1853. Trois décennies plus tard, Gaudí allait, de façon analogue, se faire partisan de l'ornementation, et ce, avec le zèle qui lui est propre. Les grands portails de fer forgé du Palais Güell qu'il réalisa à la fin des années 80 à Barcelone ne pouvaient guère être plus proches de l'Art Nouveau.

Le dandy

Gaudí étudia aussi le néogothique tel qu'il fut propagé avant tout par les architectes français. L'ouvrage de Viollet-le-Duc sur l'architecture française du 11e au 13e siècle prit pour les jeunes architectes presque la valeur d'une bible; naturellement ce fut aussi le cas pour Gaudí. Il se rendit même à Carcassonne où Viollet-le-Duc avait restauré la ville ancienne. Gaudí examina avec tant de minutie les remparts qu'un habitant des environs crut qu'il s'agissait de Viollet--le-Duc en personne et vint lui faire part de l'admiration qu'il portait à l'architecte français.

Gaudí jeune en 1878. Gaudí évitait les photographes; aussi cette photo constitue-t-elle une rareté. C'est un du petit nombre de portraits photographiques dont on dispose. Il montre le jeune artiste tel qu'il était au début de sa carrière, séduisant, ouvert, sensible aux charmes de la vie de société. (La photographie se trouve au musée de la ville de Reus.)

Qu'une telle erreur ait été possible, s'explique par l'aspect extérieur de Gaudí au début de sa carrière qui offrait un contraste saisissant avec l'image de l'architecte âgé: vêtu misérablement, ne craignant pas obligatoirement le contact avec le public, mais ne le cherchant assurément pas non plus, et évitant de préférence tout appareil de photographie — raison pour laquelle il n'existe pratiquement pas de photos de lui.

Certes, Gaudí ne fut jamais particulièrement riche: durant toutes ses études, il vécut dans une certaine pauvreté et dut gagner son pain par de petits à-côtés; mais à peine eut-il quitté l'université qu'il chercha manifestement un dédommagement à toutes les privations des années antérieures. Il est indéniable qu'il avait une propension à se présenter habillé à la dernière mode, à jouer au dandy — ce qui d'ailleurs était tout à fait dans le ton de cette époque où des écrivains tels que Oscar Wilde faisaient d'un mode de vie tout porté vers l'extérieur et du raffinement vestimentaire le plus haut idéal. Gaudí avait aussi un physique altier et très inhabituel pour l'Espagne: cheveux blonds et abondants, yeux d'un bleu profond, grande taille — cela ne passait guère inaperçu. Il achetait ses chapeaux chez «Arnau», le grand chic dans la chapellerie; il avait choisi avec soin sa carte de visite de nouvel architecte — elle se trouve au musée de Reus —, et chez le coiffeur sélect, Audonard, il se faisait teinter la barbe d'un élégant reflet gris. Il n'y a que les chaussures qu'il portât déjà usagées. Parce qu'il n'aimait pas la rigidité des chaussures neuves, il les faisait porter d'abord par son frère pour qu'elles s'assouplissent — l'homme pratique se rencontrait partout chez Gaudí. Qu'il était donc différent, le vieux Gaudí, qui ne prenait que de maigres repas, quand il ne renonçait pas même à les prendre, et quittait la plupart du temps la table avec encore un petit creux à l'estomac.

Au fond de son cœur, Gaudí resta toujours fidèle à ses origines. Il se sentait proche du peuple. Lorsqu'on l'eut enfin reconnu après l'accident du tramway, on voulut le transporter dans une chambre d'hôpital plus luxueuse, mais il refusa avec obstination: «Ma place est ici parmi les pauvres.» Cela ne correspond certes pas à la prédilection du jeune Gaudí pour la société élégante. Mais

En haut: Port et Barceloneta en 1872. La photo montre l'extension rapide de la périphérie de la ville industrielle. En bas: Le Passeig de Gràcia en 1870.

Ci-contre: Croisement de la Rambla et de la Calle de Pelayo à Barcelone. C'est ici que se trouvait le Café Pelayo — lieu de rencontre pour intellectuels que Gaudí fréquenta très souvent au temps où il était étudiant.

PARANINF
seccion trasversal escala 1

Projet pour l'examen d'architecture: coupe de la salle des fêtes de l'université. Dans cette esquisse se manifeste déjà le penchant de Gaudí à mélanger des styles différents tout en créant un ouvrage au caractère original: la coupole centrale contraste avec la rigueur de la façade rectangulaire. Gaudí a opéré une synthèse en masquant la coupole par l'ébauche d'un toit à pignon. Il est possible que ce mélange de styles ait éberlué les professeurs de Gaudí à l'académie; en tout cas, il n'obtint pour son travail que la mention «passable» — la note la plus basse qui s'attribuât à l'université.

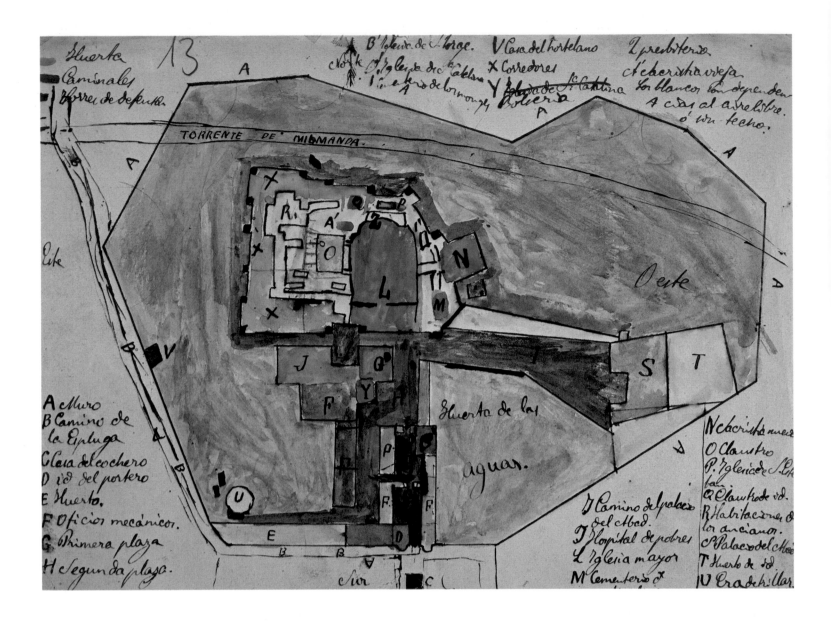

Esquisse d'un projet pour la restauration d'un monastère à Poblet. Ce projet compte parmi ceux auxquels Gaudí collabora pendant ses cours propédeutiques aux études d'architecte.

il faut dire ici qu'il s'agissait plutôt d'une fréquentation des esprits distingués, des intellectuels et des artistes.

Barcelone à la fin du 19ᵉ siècle

Barcelone était une ville en expansion. Dès 1854, on avait rasé les anciens remparts; la ville débordait de partout. En quelques années, sa surface décupla pour atteindre 200 hectares. La population fut multipliée par quatre dans la seconde moitié du dix-neuvième siècle. Grâce à l'industrie du coton et à la sidérurgie, l'économie était florissante; la grande bourgeoisie ne s'était jamais mieux portée. La prospérité élève la conscience que l'on a de soi, aussi sur le plan culturel. Les riches aimaient à s'entourer d'artistes et de poètes. Il n'était pas rare qu'ils habitassent sous le même toit. Pour un architecte débutant, cela représentait bien sûr une excellente aubaine. Aussi n'est-ce en aucun cas surprenant si c'est à Barcelone que Gaudí a réalisé presque tous ses ouvrages; il n'avait certainement pas besoin de se mettre trop souvent à la recherche de nouveaux champs d'activités. Aussi suffit-il à l'amateur de Gaudí de faire une promenade à travers Barcelone pour rencontrer l'essentiel de l'œuvre de l'artiste.

Les nouvelles fréquentations sociales du futur architecte ne furent pas sans laisser de traces sur sa manière de penser. Il adopta bien vite l'attitude anticléricale si prisée chez les jeunes gens. En même temps, les nouvelles théories et idées sociales le fascinaient. Certes, il se sentait chez lui dans les cercles intellectuels mais il prenait cause aussi pour les problèmes des ouvriers. Ce n'est certainement pas un hasard, si son premier grand projet a concerné le logement des ouvriers d'une fabrique. Il s'agissait d'une collaboration avec la coopérative ouvrière de Mataró, une entreprise ambitieuse rappelant les idées du réformateur social anglais Robert Owen qui tout en étant lui-même un grand industriel, s'est passionnément engagé à améliorer le niveau de vie des ouvriers. Le projet de Mataró devait créer, en matière de logement, les conditions à une telle amélioration. Mais l'époque n'était manifestement pas mûre pour de telles conquêtes. On ne construisit qu'un hall de fabrique et un petit kiosque ce qui refroidit un peu l'élan du jeune Gaudí.

Néanmoins, le projet de Mataró marqua le début d'une célébrité qui ne fit que s'accroître. Le projet fut montré à l'exposition universelle de 1878 à Paris et rapporta à Gaudí une amitié qui dura toute la vie avec Eusebi Güell pour qui il allait créer maintes constructions.

Cependant, on n'en était pas encore là. Pour le moment, Gaudí était encore en quête d'un style personnel et se laissait toujours influencer par les courants en vogue, comme par exemple le néogothique. Ce courant — de même que le projet concernant les ouvriers — n'était pas dénué d'aspects politiques. Certes, la redécouverte de l'art gothique constituait un phénomène propre à toute l'Europe. Mais en Catalogne, le pays natal de Gaudí, elle acquit un attrait supplémentaire.

Avant même d'entamer ses études d'architecte, Gaudí entreprit de nombreuses randonnées qui le menèrent aux édifices importants de la région. Le monastère en ruines de Poblet l'attirait particulièrement.

Gaudí — nationaliste

Malgré l'expansion économique de la région, on assistait plutôt à un déclin politique de la Catalogne. Pourtant, la Catalogne pouvait se targuer d'un passé glorieux. Sous l'empire romain, le pays était vite devenu un centre d'activités commerciales; en 343, Barcelone devint un siège épiscopal. Pendant le Moyen Age, la Catalogne — à vrai dire «Gothalonia», du nom des Wisigoths qui, au 5e siècle après J. C., firent de Barcelone la capitale de leur royaume — était devenue un comté indépendant avec un droit et une langue propres. Les Temps Modernes — avec la formation du royaume d'Espagne dominé par la Castille — imposèrent à la région petit à petit la perte de cette indépendance, jusqu'à ce qu'au début du 19e siècle, on interdît même l'usage du catalan dans les écoles. Le renouveau du Moyen Age, la redécouverte de «l'art gothique» constituaient donc pour les Catalans plus qu'une préoccupation d'artistes. Ils devinrent un signe politique. Gaudí aussi fut pris par cet engouement nationaliste.

Gaudí adhéra au «Centre Excursionista», un groupe d'hommes jeunes qui faisaient des pèlerinages dans les hauts lieux de la grandeur passée. Gaudí se sentait Catalan jusqu'à la moelle des os. Durant sa vie, il parla ostensiblement catalan, même lorsque les directives qu'il donnait aux ouvriers sur les chantiers devaient d'abord être traduites. Lorsqu'un jour, vers la fin de sa vie, il fut convoqué devant un tribunal, il refusa même de répondre à des questions posées en castillan.

Cependant, Gaudí ne rattachait pas toutes ces idées politiques à des programmes ou partis politiques. Il se sentait plutôt lié à son peuple et à son pays

Sociedad cooperativa LA OBR

Fachada al Jardín *Escala 1/50.*

Epure de projet pour le casino. Façade donnant sur les jardins (à gauche) et façade donnant sur la rue (à droite) de la «Obrera Mataronense» (coopérative ouvrière de Mataró). Les plans de cette cité ouvrière remontent à 1873. A l'époque, on n'en tira que les placards; les divers ouvrages de construction ne furent réalisés qu'en 1878, mais seulement pour une part minime.

natal d'une manière naturelle, émotionnelle. Aussi les excursions qu'il fit aux monuments du passé ne devaient-elles pas n'avoir eu qu'une signification politique pour lui. Il élargit ses connaissances des grands édifices de son pays natal. Parmi eux, on peut citer, outre les grandes cathédrales gothiques, — comme celle de Tarragone à dix kilomètres environ de sa ville natale de Reus — essentiellement les constructions mauresques attestant du passé arabe de l'Espagne. Là aussi, Gaudí ne faisait pas cavalier seul. Une fois de plus, avec un certain retard par rapport au reste de l'Europe, un engouement pour l'exotique s'était répandu en Espagne. Dans le centre de l'Europe, cette mode avait commencé dès le dix-huitième siècle, lorsque s'était écarté le danger d'une invasion turque — les Turcs avaient été définitivement repoussés en 1688 à Vienne — et il n'en resta que l'attrait de lointaines contrées. En Espagne, cela faisait des siècles que le passé maure était entré dans l'histoire. Il s'agissait donc moins dans ce cas de l'attrait de l'inconnu et de l'inhabituel. Pourtant, dans la ligne de l'orientalisme qui régnait au dix-neuvième siècle dans les salons, une fascination de l'exotisme se fit sentir également en Espagne. Le dessin que Gaudí remit à l'Université pour l'obtention de son diplôme rappelle un peu les façades maures-

MATARONENSE ·· =Casino=

Fachada a la Calle

ques bien qu'on puisse tout autant y voir les grands bâtiments à coupole de la Renaissance italienne.

Les premiers essais

La pureté du style ne fut jamais le fait de Gaudí. Jamais, il n'imitait avec exactitude, il se laissait plutôt inspirer par les monuments du passé, tout à fait dans le sens de Viollet-le-Duc qui avait mis en garde contre une assimilation dénuée de critique des modèles anciens; on devait analyser les grands ouvrages du passé afin d'en tirer de nouvelles connaissances utiles à une architecture contemporaine. La création de Gaudí ressemble à la réalisation de ce programme théorique (la «reconstruction» de la vieille ville de Carcassonne par Viollet-le--Duc est aussi en grande partie une nouvelle création et non une simple «re--construction».) Peut-être est-ce justement ce mélange de styles architecturaux différents qui, pour son travail de diplôme, ne lui rapporta que la mention «passable», la note la plus basse que l'université avait l'habitude d'attribuer. Un pro-

Ci-dessus: Réverbères dont Gaudí dessina le projet pour la promenade au Passeig de Muralla del Mar à Barcelone. Ils montrent les idées nationalistes de Gaudí: on devait mettre sur les réverbères les noms de divers amiraux catalans.

jet aussi fantasque, l'année précédente, ne lui avait pas non plus permis d'obtenir le prix qu'il espérait recevoir.

Toute sa vie durant, il ne connut guère de reconnaissance officielle, du moins sous forme d'attribution de prix. Peut-être est-ce la raison pour laquelle Gaudí avait toujours l'impression d'avoir échoué dans son travail; du moins s'est-il souvent exprimé en ce sens. Manifestement, ses idées architectoniques étaient trop audacieuses pour pouvoir être reconnues et honorées par les institutions nationales et municipales. Une seule fois, on lui attribua un prix, et il est caractéristique que ce fut pour l'une des constructions les plus conventionnelles, la Casa Calvet. Aussi bénéficia-t-il de peu de commandes publiques. Au début de sa carrière seulement, il put travailler pour la ville à une commande relativement modeste: en février 1878, la ville de Barcelone passa au «jeune et talentueux architecte D. Antonio Gaudí» la commande d'un réverbère qui fut effectivement réalisé et suscita l'approbation de la presse et de la population. Mais sinon, Gaudí élaborait plutôt à son bureau et pour son bureau des ébauches, des projets qui ne virent jamais le jour; à quelques execeptions près, parmi lesquelles on compte un bureau massif ressemblant à un petit monument qu'il ébaucha pour lui-même. Ce meuble a malheureusement disparu aujourd'hui.

Pourtant, si Gaudí se vit refuser la consécration des instances officielles, il n'eut pas à déplorer le manque de reconnaissance: il trouva sur le chemin de sa vie nombre de mécènes qui appréciaient son talent. A peine avait-il terminé d'assez grandes constructions qu'il ne pouvait guère se soustraire aux commandes suivantes. Il est intéressant de remarquer qu'il obtint sa commande la plus considérable avant même d'avoir été remarqué par l'opinion publique.

A droite: Réverbère dessiné par Gaudí sur la Plaza Real à Barcelone.

En 1871, l'Ecole Supérieure d'Architecture de Barcelone fit l'acquisition d'une série de photographies de monuments orientaux. Ces photographies fascinaient les étudiants. Grâce à ces photos, Gaudí découvrit l'architecture orientale à l'état pur.

Il n'avait même pas encore entamé la construction de ses bâtiments les plus spectaculaires — la Casa Vicens, la maison de campagne El Capricho et surtout le Palacio Güell — qu'on lui confia une entreprise fort audacieuse à Barcelone. En 1881, l'«Asociación Espiritual de Devotos de San José» avait acheté tout un pâté de maisons dans une périphérie barcelonaise de l'époque. Sur ce terrain on devait ériger une église en l'honneur de la Sainte Famille (Sagrada Familia).

Le projet n'était pas sans arrière-pensées politiques. On voulait, par là, protester contre l'industrialisation croissante, contre la perte des valeurs anciennes; au dix-neuvième siècle Saint Joseph était devenu le patron de ce mouvement qui, au sein de l'Eglise catholique, propageait une réaction contre la laïcisation croissante. Le retour à la famille devait ramener la conception traditionnelle des valeurs. Aussi ne pensait-on pas seulement à une église; autour de l'église, on imaginait tout un complexe de bâtiments sociaux: des écoles, des ateliers, des salles de congrès — c'était là, sous la régie de l'Eglise, une entreprise tout aussi grande que le projet pour les ouvriers de Mataró pour lequel Gaudí s'était engagé avec tant de ferveur.

A vrai dire, au début on ne pensait pas à Gaudí; pour cela, il était trop jeune et inconnu. Le projet fut confié à l'architecte Paula de Villar dans le bureau duquel le jeune Gaudí avait déjà travaillé, du temps où il était étudiant, entre autres à l'église de Montserrat. Villar proposa un modèle néogothique et commença à creuser les fondations de la crypte. Mais il se brouilla avec l'association et se retira. On en est réduit à faire des conjectures sur la raison pour laquelle c'est justement à Gaudí que l'on confia alors ce poste de haute responsabilité. Peut-être est-ce à cause de sa collaboration à Montserrat, peut-être est-ce dû à l'architecte Juan Martorell. En effet, c'est ce dernier qui devait initialement continuer la construction car il était le principal représentant du néogothique en Catalogne. Pourtant, Martorell refusa. Gaudí avait travaillé avec lui au début des années 80 et réalisé alors des ouvrages dans un mélange de néogothique et de tradition de l'art de la céramique espagnol. Peut-être ces essais furent-ils déterminants: le 3 novembre 1883 en tout cas, Gaudí succède à Villar et com-

Ci-dessus: Vue frontale de la Sagrada Familia, telle que Francisco de Paula Villar la voyait dans son ébauche. On reconnaît les influences néogothiques aux ogives s'étirant en hauteur.

mence par là un ouvrage qui l'occupera jusqu'à la fin de sa vie et dans les dernières années même exclusivement.

Jusque là, Gaudí n'avait pas encore fait ses preuves en tant qu'architecte. Mais la commande de «l'Asociasión Espiritual de Devotos de San José» apparaît comme le coup d'envoi d'une ascension professionnelle. En effet, la même année lui sont remis deux grands projets. Aussitôt, dès le premier ouvrage, Gaudí ouvre de nouvelles voies dans l'architecture. Le propriétaire d'une briqueterie, Manuel Vicens i Montaner avait, dès 1878, passé à Gaudí la commande de sa maison d'habitation. En 1883, les travaux débutèrent dans la Calle Sant Gervasi (actuellement Calle les Carolines) à Barcelone. Si on cherche des éléments de styles, on se heurte à bien des difficultés. On doit sans cesse réviser ses impressions. Le bâtiment n'est pas particulièrement original dans son tracé. Son attrait réside dans l'aménagement de la façade extérieure et des espaces intérieurs. L'influence mauresque est évidente. Des tourelles rappelant des minarets de mosquées ornent le toit. Des motifs raffinés dans le carrelage évoquent les motifs ajourés propres aux édifices mauresques. A l'intérieur, cet aspect ornemental se poursuit sur les murs carrelés. Or, ceci ne constitue pas une simple imitation de l'art arabe; Gaudí n'y a trouvé qu'une inspiration pour créer sa propre ornementation. C'est pourquoi il serait plus juste de parler, non de style mauresque, mais plutôt de style mudéjar, — le style mudéjar était un mélange d'architectures espagnole et arabe — le style mauresque se retrouvant encore avec le moins d'altérations dans le fumoir.

La période «mauresque»

Mais le plus passionnant dans cet ouvrage est l'utilisation de matériaux variés. Gaudí alliait aux moellons bruts des carreaux de céramique. Ce mélange de carreaux à effet ornemental et de pierre élémentaire apparaît constamment dans ses ouvrages. De plus, ce premier grand ouvrage de Gaudí annonce un autre trait de son art: ce n'est qu'au bout de cinq ans que les travaux sont terminés. Ici déjà, se révèle l'architecture «organique» de Gaudí dans laquelle une trouvaille entraîne une autre. Certes, les frais de construction ont mené le propriétaire au bord de la ruine. Mais en introduisant des carreaux de céramique, Gaudí a créé véritablement une mode en Catalogne. Vicens fut donc dans les années qui suivirent largement dédommagé car il fabriqua une grande quantité de ces carreaux.

Parallèlement à la maison Vicens, Gaudí construit, à Comillas près de Santander une maison de campagne semblable dans le style mais moins riche en fantaisie. On y trouve aussi un socle en pierres de taille brutes sur lequel s'élève un mur richement décoré de carreaux. L'influence mauresque y est encore plus forte. Telle un minaret, une mince tour surmontée d'une «coiffe» — véritable trouvaille de Gaudí — s'élève vers le haut. Quand on y regarde de plus près, l'impression mauresque n'est qu'une apparence. Les carreaux révèlent des motifs foncièrement européens: une fleur rappelant le tournesol. Ce motif réapparaît constamment, et c'est par cette accumulation qu'il se réfère en effet aussi aux principes de l'architecture arabe où la répétition domine. Aucune unité dans cet édifice. Aussi porte-t-il à juste titre son nom «El Capricho», un caprice, une lubie. Ce n'est pas la seule maison de Gaudí à laquelle on attribuât un surnom. On appelait volontiers la maison Milà aussi «La Pedrera» — ce qui signifie la carrière — là aussi, non sans raisons.

Ci-dessous: La Plaza de Toros, qu'édifia Emilio Rodriguez Ayuso à Madrid — un exemple du style mudéjar commençant à être en vogue à cette époque.

Néanmoins, pour le moment, c'est encore la ligne mauresque qui prime chez Gaudí même si déjà dans El Capricho on ne peut déterminer avec exactitude si la tour rappelle des modèles arabes ou persans.

Du temps même de ses travaux à Comillas et à Barcelone, Gaudí approfondit une connaissance personnelle qui devait influencer son œuvre presque aussi longtemps que son travail à la cathédrale de la Sainte Famille à Barcelone. A l'exposition universelle de Paris, où étaient également exposés des projets de Gaudí, le jeune architecte attira sur lui l'attention d'un homme dont la personnalité avait bien des ressemblances : Eusebi Güell i Bacigalupi.

Le grand mécène Güell

Güell était tout à fait le représentant de la Catalogne moderne. Il s'était créé une fortune dans l'industrie textile; des voyages en Angleterre l'avait fait entrer en contact avec les nouveaux courants artistiques comme avec les nouvelles idées de réformes sociales. Bien vite, Gaudí devint un invité chaleureusement

La Casa Vicens que Gaudí construisit entre 1883 et 1888 dans la Calle les Carolines à Barcelone. L'ornementation en carrelage riche de contrastes que l'on trouve avant tout aux coins et sur les tours de l'édifice rappelle l'architecture mauresque; pourtant les ornements sont les fruits de l'imagination de Gaudí. Ce premier des «ouvrages mauresques» de Gaudí montre déjà l'originalité de son rapport avec les modèles historiques.

Vue occidentale de El Capricho. Gaudí a travaillé de 1883 à 1885 à ce manoir pour Don Máximo Díaz de Quijano. Vu de l'est, le bâtiment a les allures d'une maison conventionnelle; seul le mélange des murs de briques et de l'ornementation à base de carreaux verts et jaunes donne un avant-goût de l'imagination exubérante du style de construction mudéjar selon lequel la façade de la maison est conçue.

accueilli dans la maison Güell qui était toujours ouverte aux artistes. Peut-être est-ce grâce à la bibliothèque de Güell que Gaudí eut accès aux écrits influents de William Morris et de John Ruskin. Néanmoins, c'est lors de ces soirées de réceptions qu'il entra en contact avec l'Art Nouveau naissant, car souvent on y procédait à la lecture de poèmes des préraphaélites — surtout de Dante Gabriel Rossetti — qui, en tant que peintres comme en tant que poètes, propageaient un retour au Moyen Age et surtout cherchaient à se libérer des règles strictes de l'art classique par l'abondance d'éléments décoratifs.

En 1910, Güell accéda au titre de comte, mais bien avant, il représentait pour Gaudí le type même de l'aristocrate. La véritable aristocratie, dit-il un jour, se reconnaît à une sensibilité extrême, un comportement irréprochable et une situation aisée. Il trouvait tout cela en la personne de Güell qui, à son tour, rencontrait son idéal dans celle de Gaudí: l'alliance du génie artistique et de l'engagement social.

Dès 1883, Gaudí ébaucha pour Güell le plan d'un pavillon de chasse qui comprenait les mêmes éléments architecturaux que les maisons Vicens et El Capricho: l'alliance de la pierre naturelle et de la brique. Ce plan ne fut pas réalisé. En 1884, il fait des transformations dans la propriété de Güell à Barcelone. Ici aussi, on retrouve des éléments mauresques comme au dessus de la salle de manège : par exemple, des tourelles dans le genre qui avait déjà vu sa confirmation. Cependant, on note déjà de nouvelles tendances. Le portail du jardin prouve que, manifestement, Gaudí a commencé à assimiler les influences nordiques de l'Art Nouveau, et l'intérieur des écuries —aujourd'hui lieu de la chair d'Etudes sur Gaudí à l'Institut d'Etudes Techniques d'architecture — montre avec évidence ces éléments néogothiques que Gaudí perfectionna dans les années suivantes.

Les premiers résultats de cette nouvelle orientation se concrétisent dans le premier projet d'envergure réalisé pour Güell. En 1886, Gaudí s'attaque à la grande résidence de l'industriel de Barcelone qui deviendra au fil des travaux un véritable palais. On voit ici pour la première fois apparaître dans toute sa plénitude le mode de travail original de Gaudí. Au lieu de commencer à réaliser un bâtiment avec des plans parfaitement achevés, il continue sans cesse de repenser ceux-ci pendant les travaux de construction. Semblables aux plantes de la nature qui évoluent en fonction de leur croissance, les bâtiments de Gaudí sont des résultats progressifs. Initialement, il était question de construire sur le côté de l'édifice une petite salle de musique pour le wagnérien passionné qu'était Güell. Mais cette salle de musique a dû devenir au fil des étapes de la construction de plus en plus fascinante au point qu'elle se retrouva au centre du bâtiment et s'étendit en fait sur trois étages. Avec une espèce de «garage souterrain» pour coches et une vraie «forêt» de cheminées richement décorées et grotesques, le palais est devenu véritablement fantastique, un ouvrage de pure imagination, même si des éléments de styles historiques réapparaissent constamment sous la forme d'ornements métalliques selon l'Art Nouveau ainsi que d'ogives rappelant l'art gothique.

La période «gothique»

Les deux autres édifices qui furent créés pendant les mêmes années expriment plus de rigueur, sont plus «gothiques» — ce n'est pas un hasard s'il s'agit de monuments religieux. A l'école du Colegio Teresiano à Barcelone, Gaudí n'avait plus que les deux étages supérieurs à terminer; la construction était déjà commencée. Aussi le bâtiment se caractérise-t-il par des formes rigoureuses, si on veut, le néogothique à l'état pur toutefois refaçonné par Gaudí. Car déjà du temps où il était étudiant, Gaudí avait appris de son grand modèle Viollet-le--Duc que les édifices du passé doivent offrir tout au plus des impulsions, qu'il n'était pas question d'imitation. Cela correspondait tout à fait aux conceptions de Gaudí qui trouvait l'art gothique, certes, fascinant mais aussi imparfait. Les défauts résidaient pour lui essentiellement dans la structure des édifices.

Les arcs-boutants — éléments indispensables de l'architecture gothique — n'étaient pour Gaudí que des moyens de supporter le poids des voûtes. Il les considérait avec mépris comme des «béquilles». On en voit les premiers signes dans les arcs elliptiques s'étirant en hauteur qui marquent les étages supérieurs du Colegio Teresiano. On a vraiment l'impression d'un retour au Moyen Age en regardant les façades massives d'une maison d'habitation dans le Léon, dont la maçonnerie grossière est toute entrecoupée de fenêtres ogivales, de même qu'en considérant le palais épiscopal d'Astorga. Ici on voit déjà se dessiner cet élément architectural par lequel Gaudí a surmonté les «défauts» de l'architecture gothique: les piliers obliques.

Eusebi Güell i Bacigalupi, le grand ami et mécène de Gaudí. Pour Güell, Gaudí ébaucha, dès 1883, le plan d'un pavillon de chasse près de Sitges. Ensuite il reçut de lui cinq autres commandes de projet. La photographie montre ce catholique croyant et industriel cultivé en 1915 alors qu'il avait déjà été anobli au rang de comte.

Le palais épiscopal d'Astorga (Léon) fait partie des édifices de la deuxième époque de Gaudí: on reconnaît des éléments néogothiques bien que Gaudí évitât de suivre de trop près les modèles historiques.

Tout cela accapare toute l'énergie de Gaudí d'autant plus que durant toutes ces années, il poursuit — en quelque sorte comme un à-côté — les travaux de la cathédrale de la Sagrada Familia. Il ne lui reste guère de temps pour sa vie privée. Jamais il ne s'est marié, bien que cela aurait presque pu arriver à deux reprises. Certes, il a dit ultérieurement qu'il n'avait jamais senti en lui de vocation pour le mariage. Pourtant, si la jeune Américaine qu'il avait rencontrée par hasard en visitant des cathédrales, n'avait pas déjà été fiancée, il ne serait peut-être pas resté célibataire. Plusieurs années après avoir fait sa rencontre, il pensait encore à elle. A l'âge de trente-deux ans, dit-on, il était même allé jusqu'à se fiancer. Certes, de telles informations ne reposent que sur des on-dit. En tout cas, ceci montre combien Gaudí vivait tout entier pour son architecture. Il n'aurait guère trouvé de temps pour sa vie privée.

Vers un style personnel

Après s'être octroyé ce bref intermède consacré à des bâtiments aux lignes rigoureuses et rappelant le gothique, il développe sans retenue son propre style. De plus en plus, il s'écarte de toute forme d'imitation. Tout au plus découvre-t-on, chez lui, quelques réminiscences, essentiellement de l'Art Nouveau. Peut-être est-ce là ce qu'il y a de plus remarquable, probablement d'unique en son genre dans la maison d'habitation qu'il crée en 1898 pour les héritiers de Pere Martir Calvet à Barcelone. Avec cette maison débute la concentration exclusive des activités de Gaudí sur «sa» ville de Barcelone. De toutes façons, il n'avait jamais entrepris beaucoup de voyages, tout juste quelques excursions à des fins studieuses. Par ailleurs, il concentrait ses efforts sur Santander, sur le Léon (avec le palais épiscopal d'Astorga et la Casa de los Botines) et justement sur Barcelone. Les transformations dans la cathédrale de Palma de Majorque ont été une grande exception, il est vrai, elles constituaient un projet séduisant. Dans ce grand exemple du néogothique espagnol, Gaudí devait ôter le chœur de la nef principale pour le placer dans le sanctuaire. Par là, les lignes ascendantes de l'espace intérieur gothique se trouvaient soulignées — un travail qui ne pouvait que fasciner Gaudí étant donné qu'il s'était intensément intéressé aux principes architecturaux de l'art gothique.

Gaudí s'était fait un nom dans la construction d'églises. Ses élèves (qui étaient en même temps ses admirateurs passionnés) propagèrent sa renommée. Avec la Casa Calvet et la Casa de los Botines, il avait expérimenté la réalisation de plans de simples maisons d'habitation. Il lui restait encore une grande découverte à faire. Une fois de plus, celui qui lui en donna l'occasion fut Eusebi Güell qui lui avait déjà procuré d'autres commandes.

Gaudí obtenait ses commandes presque toujours par relations personnelles. La commande de la réalisation du palais épiscopal d'Astorga ne lui serait probablement guère échue sans l'influence de l'évêque Juan Bautista Grau qui, avant d'être nommé à Astorga, se trouvait à Tarragone et connaissait Gaudí de longue date, étant lui aussi originaire de Reus. Lorsque Grau mourut pendant les travaux de construction, il y eut aussi aussitôt des divergences d'opinion entre l'architecte et l'administration épiscopale. Gaudí arrêta les travaux. Ses successeurs modifièrent les plans: il s'ensuivit une série d'effondrements. On ne pouvait guère sans façon transformer les constructions de Gaudí.

Colegio Teresano, portail au rez-de-chaussée. Gaudí y développa à la perfection sa conception des arcs elliptiques.

Un parc à l'anglaise

Un nouveau projet de Güell permit à Gaudí d'étendre le domaine de son influence. En Angleterre, Güell s'était laissé séduire par l'aménagement des jardins. Il désirait alors voir quelque chose de semblable à Barcelone. Gaudí devait édifier une ville-jardin toute en harmonie avec le paysage. Mais deux seulement des maisons prévues furent réalisées. Le parc Güell constitue l'un des innombrables projets inachevés de Gaudí.

Mais le parc en soi a beaucoup plus d'importance que les deux villas: il est devenu lui même un édifice d'une rare audace. Surtout, il est le premier ouvrage qui permette à l'architecte de déployer entièrement son imagination qui a maintenant mûri. Même si les plans étaient beaucoup plus ambitieux que ne le révèle finalement la réalisation, Gaudí outrepassa cependant toutes les habitudes architectoniques en cours. Les bâtiments — surtout l'immense terrasse centrale — témoignent d'une audace du tracé. L'aménagement des surfaces et des bords prouve une liberté qui ne trouve guère d'égale même jusqu'à nos jours.

Pour la première fois, Gaudí applique sa conception générale de la profession d'architecte. Son grand modèle théorique, John Ruskin, avait déjà préconisé que l'architecture devait représenter une synthèse des arts. L'architecte devait, selon lui, être également peintre et sculpteur. Gaudí réunissait toutes ces aptitudes. Le banc d'une longueur interminable, décoré de fragments de carreaux, qui s'étire tel un serpent à travers le terrain, rappelle un tableau multicolore de Joan Miró. A l'aide de morceaux de carreaux de céramique, Gaudí

Finca Güell, tours de ventilation sur le toit de la conciergerie. A la fin des années quatre--vingts, Gaudí développa, lors de son deuxième projet pour Eusebi Güell, une idée personnelle, pleine d'ingéniosité: des ouvertures dans le toit nécessaires à la ventilation de la maison. Les petites tours de ventilation deviennent chez Gaudí des sculptures aux allures presque surréelles ou de minuscules clochetons.

produit un tableau presque surréaliste, si on veut, un tableau tridimensionnel au milieu du paysage. A partir de ce moment, il ignore presque toute limite. Il lâche toute bride à ses fantaisies architectoniques qui sont bien autre chose que de simples élucubrations mais se fondent plutôt sur des études de projets rigoureuses.

Mais s'il travaille maintenant toujours à deux maisons d'habitation, il crée encore dans ce domaine quelque chose de tout à fait nouveau. Dans le Passeig de Gràcia, numéro 43, à Barcelone, il élabore entre 1904 et 1906 une maison d'habitation totalement nouvelle. Autant le Parc Güell montrait l'imagination

Le parc Güell avec une vue de la grande terrasse — lieu de rencontre — qui est entourée d'un paysage d'une luxuriante végétation.

débordante d'un architecte se grisant de couleurs, autant se manifeste dans la Casa Batlló un architecte qui s'éloigne toujours plus de l'architecture conçue comme un travail artificiel de création humaine. La façade aux reflets bleu-vert rappelle la surface moutonnante de la mer. Les rebords et encadrements des fenêtres paraissent avoir été moulés dans l'argile par le potier. La façade, — bien que coincée entre deux maisons quelconques, semble animée de mouvement. Tout n'est que jaillissement et contraction. Le toit avec la multiciplité de ses cheminées, ressemble à une version miniature du parc Güell. A Barcelone, c'est le chauffage pièce par pièce et non le chauffage central qui était généralisé. Aussi Gaudí eut-il l'occasion de poser d'innombrables cheminées, vraies étincelles de génie, sur le toit.

La population n'en revenait pas. Jamais encore, on n'avait vu pareille chose. La maison résistait à toute classification. L'étonnement fut encore plus grand en ce qui concerne le second projet d'envergure, le numéro 92, dans la même allée. Ici, il ne s'agit plus d'une maison relativement étroite, intégrée dans tout un pâté de maisons mais d'une gigantesque maison d'angle. Contrairement à la Casa Batlló, il n'y a pas une seule couleur sur la façade. Néanmoins, l'aspect de boursouflement s'y trouve encore accentué. Les fenêtres et les encorbellements arrondis sont suspendus comme des alvéoles saillissantes sur la façade. Le tout est un ensemble de vagues mouvantes. On croirait voir des habitations troglodytes creusées dans la montagne par certains peuples africains — ou bien encore les catacombes de St. Peter percées dans les hauteurs de Salzbourg. Ces lignes coulées se poursuivent à l'intérieur — Gaudí a atteint alors le point culminant de son architecture organique: ce bâtiment paraît avoir poussé du sol comme de lui même. On n'y trouve aucun des murs de briques ou de soutènement habituels. La maison est plus une gigantesque sculpture qu'une maison au sens traditionnel.

Juan Bautista Grau i Vallespiònós, l'évêque d'Astorga était né comme Gaudí à Reus. Il faisait partie des grands mécènes de Gaudí et réussit aussi à l'imposer en tant qu'architecte pour la construction du palais épiscopal d'Astorga contre la volonté de l'administration de l'évêché. Grau eut sur Gaudí une influence essentielle dans le domaine de la religion chrétienne et de la liturgie.

L'ouvrage de sa vie

Si l'opinion publique avait été interloquée par la Casa Batlló elle fut littéralement choquée par la Casa Milà. Manifestement, on ne pouvait réagir à une telle construction que par l'ironie. De nombreuses parodies parurent dans les journaux, des surnoms tels que la «carrière», le «pâté», le «nid de frelons» remplacèrent le sobre «Mila» (du nom d'un des clients, Pere Milà i Campo).

Tout en constatant cette imagination architectonique illimitée, il ne faut pas oublier que Gaudí s'adonnait sans interruption en même temps à la construction de la Sagrada Familia. A la mort de l'architecte, cette église est restée inachevée. Mais Gaudí était conscient de son entreprise. Il s'était inscrit dans la longue tradition des bâtisseurs de cathédrales du Moyen Age.

Une cathédrale n'est pas construite par un seul homme; elle est l'ouvrage de plusieurs générations. Gaudí avait pris l'habitude de dire que Saint Joseph la terminerait lui-même. Qu'il en est ainsi n'est pas dû uniquement à l'ambition du projet qui ne comportait pas qu'une église mais toute une petite communauté. Cela est dû aussi au fait que selon une décision prise par les fondateurs, l'église ne devait s'effectuer que par fondations ou aumônes — une église de pauvres. Fréquemment, Gaudí déambulait le chapeau à la main pour recueillir l'argent nécessaire à la poursuite des travaux. A partir de 1914, il refusa toute nouvelle commande de projet — il se consacra entièrement à l'église. Il finit

La façade de la Passion de la Sagrada Familia. Gaudí est mort avant le début de cette phase des travaux; le chantier de la façade fut entamé en 1952, les tours furent terminées en 1978. La photo montre la construction des clochers peu avant la fin des travaux.

même par emménager dans l'atelier. Conformément à ses habitudes, il discutait avec les ouvriers les étapes successives de la construction. C'est ainsi qu'au fil des ans se produisirent beaucoup de changements.

L'histoire de la genèse de l'église fournirait matière à un livre entier. Elle est la synthèse du travail de Gaudí. La forme allongée des arcs elliptiques se retrouve dans la silhouette des gigantesques tours élancées qui s'élèvent vers le ciel. On découvre les couleurs vives du Parc Güell dans les extrémités bizarres des quatre tours de la façade de la Nativité. L'église devait d'ailleurs être colorée. Gaudí répétait sans cesse que la nature n'était pas monochrome non plus. Quand quelqu'un vantait le beau brun sable des pierres brutes de la façade, il répliquait sur un ton laconique que cela serait recouvert de peinture.

Gaudí appliqua avant tout dans cette église sa théorie du perfectionnement de l'art gothique. Il y manque les contreforts et les arcs-boutants. Sa conception de colonnes inclinées se révéla défendable. Il avait utilisé de la manière la plus marquante ces colonnes inclinées dans la crypte qu'il construisit pour son ami Güell dans la cité ouvrière de celui-ci à la périphérie de Barcelone.

Lorsque Gaudí mourut lors du fameux accident tragique, relaté ci-dessus, il léguait un ouvrage inachevé. Peut-être cela correspond-il à l'essence de son architecture qui procède moins par structures bien définies mais suit toujours davantage la nature. Gaudí ne laissait après lui aucune théorie bien ciselée, mais seulement un ensemble de réflexions; mais ces dernières sont souvent plus utiles que maint système. Il ne trouva aucun successeur. Il était impossible de poursuivre son œuvre. Partout où d'autres architectes prirent la suite des travaux commencés par lui, ils faussèrent les intentions initiales de Gaudí — avec la conséquence que les bâtiments construits avec tant de minutie par Gaudí ne tenaient guère longtemps. Le palais épiscopal d'Astorga connut plusieurs effondrements; en revanche la construction de la voûte en bois que Gaudí réalisa dans son premier grand projet — le hall de fabrique de Mataró — résista.

Un constructeur de génie

Il est difficile de s'imaginer quelles formes Gaudí aurait créées s'il avait eu à sa disposition des matériaux modernes tels que le béton armé. A moins qu'il eût méprisé ces matériaux? Il a, en effet, largement renoncé à utiliser le ciment bien que ce matériau existât déjà. Il préférait continuer ses colonnes en briques. Aussi extravagants que puissent paraître ses bâtiments, aussi précieuses que semblent les surfaces, lorsqu'elles sont ensoleillées, Gaudí préférait les matériaux quotidiens et avait toujours recours aux grandes traditions artisanales de son pays natal: la céramique et la ferronnerie d'art.

A partir des matériaux les plus simples, il créait de vraies merveilles. Peut-être que là aussi, la nature lui servait comme si souvent de modèle. Il s'éloignait de plus en plus du côté artificiel de la construction pour se rapprocher de plus en plus de la nature. «Voulez-vous savoir où j'ai trouvé mon modèle»?, demanda-t-il un jour à des visiteurs de son atelier. «Prenez un arbre érigé; il porte ses branches, celles-ci les rameaux et ceux-ci les feuilles. Et chacune des parties croît harmonieusement, magnifiquement, depuis que l'artiste qu'est Dieu l'a créée.» Dans la nef principale de la Sagrada Familia, Gaudí créa une véritable forêt de colonnes se ramifiant diversement vers le haut.

Une vue typique offerte par la Sagrada Familia de tout temps: des éléments de construction terminés côtoient des éléments tout juste commencés.

Lorsque Albert Schweitzer visita l'église en construction, Gaudí lui expliqua comment il procédait, à l'aide de la statue de l'âne trottinant péniblement pour ramener la Sainte Famille en Egypte: «Lorsqu'on sut que je cherchais un âne pour représenter la fuite en Egypte, on me fit venir les plus beaux ânes de Barcelone. Mais ils ne me convenaient pas.» Finalement il trouva son âne attelé à la charrette d'une femme qui faisait le commerce du sable à récurer. «Sa tête pendait presque jusqu'au sol.» A grand-peine, je persuadai la femme de venir me voir avec lui. Lorsque, segment par segment, l'âne fut moulé dans le plâtre, elle se mit à pleurer car elle croyait qu'il n'en sortirait pas vivant. C'est ça, l'âne de la fuite en Egypte qui t'a impressionné parce qu'il n'est pas imaginé mais qu'il est réel.»

Cette affinité avec la nature distingue finalement Gaudí aussi des artistes de l'Art Nouveau parmi lesquels on le classe volontiers. Certes, les motifs ornementaux de l'Art Nouveau sont copiés sur les formes de la nature; mais ils restent purement décoratifs, surtout ils restent bidimensionnels, un simple dessin. Pour Gaudí cependant, la nature était constituée de forces agissantes sous la surface. La surface, pour lui, ne faisait qu'exprimer l'énergie interne. C'est ainsi qu'il étudia le comportement de blocs rocheux soumis à une forte pression en les mettant sous une grande presse hydraulique, et ne voilà-t-il pas que les pierres ne se rompirent pas selon une fissure de haut en bas, mais s'étalèrent dans la partie centrale — un phénomène que, Gaudí en était convaincu, les Grecs avaient déjà compris puisqu'ils donnaient un peu plus d'épaisseur à leurs colonnes au milieu qu'aux extrémités.

Gaudí était un homme de la pratique. Contrairement aux architectes de son temps, il ne travaillait pas devant la planche à dessin. Il était constamment présent sur les chantiers, discutait avec les ouvriers, réfléchissait, faisait des plans

Sagrada Familia, vue d'ensemble de la cathédrale. A gauche l'esquisse de Gaudí; elle exprime plutôt une impression générale de ce projet de construction. A droite, la première vue d'ensemble de l'église qui ait été publiée selon un dessin réalisé en 1906 par Joan Rubió i Bellver; Rubió était un des architectes avec qui Gaudí travaillait volontiers.

et les rejetait. Ses dessins ressemblent à des esquisses impressionnistes, pas du tout à des études d'architecte. Gaudí se livrait à des expérimentations avant de construire. Pour les audacieuses constructions d'arcs dans l'église de la colonie Güell, il inventa une maquette à base de ficelles au bout desquelles pendaient de petits sacs de sable de poids différents, correspondant aux pressions auxquelles les piliers et les colonnes seraient soumis selon tous les calculs. Par là, il obtenait en quelque sorte une maquette inversée dont il suffisait de retourner la photographie pour avoir clairement devant les yeux la structure du futur bâtiment. Ce procédé n'est de nos jours, plusieurs décennies après cette première expérimentation, absolument pas inusité. Souvent, les ouvriers demandaient comment le bâtiment allait bien tenir; il tenait. Si on regarde la coiffeuse que Gaudí a dessinée pour le Palacio Güell, on se pose la même question.

Deux exemples illustrant le principe de Gaudí consistant à utiliser dans ses bâtiments des formes imitées de la nature. Ci-dessus: haut de murs dans le parc Güell qui constituent une sorte de reflets des sommets des palmiers se dressant au-dessus d'eux. Ci-dessous: Les clochers de la Sagrada Familia qui évoquent clairement des coquillages.

En restant seulement devant sa planche à dessin Gaudí n'aurait probablement pas pu élaborer les plans de ses bâtiments. Cela ne s'explique pas seulement par l'aménagement organique de l'espace; cela est dû surtout à la perception de l'espace particulière à Gaudí. L'ambition de Gaudí était d'éliminer les murs traditionnels. Son idéal de maison était un corps organique, semblant respirer la vie. Il ramenait toujours ses aménagements de l'espace à son origine, à la profession de ses ascendants. Le ferronnier était un homme capable de faire naître un corps à partir d'une plaque de fer. Cela suppose de l'imagination. Avant de se mettre au travail, il devait d'abord se représenter un espace creux. Les meilleures réalisations de Gaudí sont de tels espaces creux. Quelle différence y a-t-il là avec le procédé d'un Mies van der Rohe qui travaillait avec des surfaces claires et des murs pour éléments de base. Il est significatif que le père de van der Rohe fût marbrier, autrement dit un homme qui ne créait pas un corps creux à partir d'un matériau plat mais au contraire taillait, évidait un corps compact.

Certes, le procédé pragmatique de Gaudí avait un grand inconvénient. Il ne fut pas un théoricien, surtout il ne créa aucune école au sens strict. Aussi, mis à part les quelques exceptions datant de sa jeunesse, n'existe-t-il aucun document écrit de lui. La plupart des citations qu'on lui prête se fondent sur des déclarations orales. De plus, peu après sa mort, l'architecture de Gaudí fut reléguée à l'arrière-plan de la discussion générale. Le Bauhaus avec son architecture orientée vers le fonctionnel devint déterminant et marqua donc l'avènement d'un style d'architecture qui était, dans ses traits essentiels, opposé à celui de Gaudí.

Une architecture de l'avenir

Certes, Gaudí ne doutait pas que son architecture fût prometteuse d'avenir. Un jour qu'on lui avait demandé si la Sagrada Familia comptait parmi les grandes cathédrales, il répondit: «Non, c'est la première d'une toute nouvelle série.» Cette prophétie n'est cependant toujours pas réalisée. Mais même si l'influence de Gaudí s'effaça dans la première moitié du vingtième siècle, sa signification pour le mouvement catalan ne faiblit aucunement. Lorsqu'en 1925, un érudit mit en question l'importance de l'architecte, il provoqua une tempête d'indignation et une vive discussion de quatre mois dans la presse.

L'époque actuelle nous semble justement tout à fait favorable à un retour

Page 32: Clochers de la Sagrada Familia avec l'inévitable grue de chantier en accompagnement

Photographie de la maquette à partir de laquelle Gaudí s'est livré à une expérimentation sur la structure des colonnes de l'église.

à l'architecture de Gaudí. Notre situation a bien des analogies avec celle de Gaudí, il y a cent ans. Nous aussi, nous nous détournons des façades grises, des lignes trop nettes, trop sobres. Certes, il n'est pas encore apparu d'«Art Nouveau» sous forme de réaction directe et extrême, mais la remarque de Gaudí à propos de sa Casa Battlò pourrait presque être une prophétie pour notre prochain avenir: «Les angles disparaîtront et la matière se révèlera dans la plénitude de ses galbes astraux, le soleil pénètrera par les quatre côtés et ce sera une représentation du paradis.»

Des voix actuelles ne résonnent guère différemment. Josef Wiedemann a vanté l'œuvre de Gaudí en 1974 à l'occasion du Salon International de l'Artisanat à Munich avec des paroles analogues: «Ses bâtiments sont des oasis bienfaisantes dans le désert des bâtiments fonctionnels, ce sont des pierres précieuses dans la grisaille uniforme des rues, ce sont des créations traversées par un rythme mélodique dans l'inertie environnante.»

L'œuvre de Gaudí est restée fragmentaire. La Sagrada Familia en est presque le symbole. Elle représente plus qu'un simple exemple de sa grandiose vision

architectonique et religieuse — elle contribue à faire vivre dans notre présent la création architectonique de Gaudí. De nos jours encore, on ne peut connaître avec exactitude la date de la fin des travaux; rien qu'à la façade occidentale, on a travaillé pendant trois décennies. Lorsque Gaudí est mort, il a laissé, en tout cas, les débuts d'un édifice qui existait davantage dans son imagination que dans la réalité. Peu après la mort de Gaudí, en juillet 1926, le Japonais M. Kenji Imai est venu en Europe pour visiter différentes stations de métro. Son impression de la Sagrada Familia rend bien mieux compte de l'aspect fragmentaire du bâtiment que de la vision des éléments achevés: «La façade du transept sur le côté nord-est et les murs de l'apside sur le côté nord-ouest étaient achevés, mais non la voûte. On pouvait donc voir le ciel gris directement. . . . Les clochers hauts de cent mètres en forme de paraboles se dressaient par deux au dessus des trois pignons comme des stalagmites. Les échaffaudages s'élevaient jusqu'au haut des clochers. Les mots «Hosanna» sculptés dans des pierres colossales entouraient les clochers élevés . . . En quittant le temple sous la pluie, j'avais le cœur très triste . . .»

Le premier Mystère glorieux de Montserrat: la résurrection du Christ. Gaudí obtint en 1891 l'honneur de réaliser pour la Lliga Espiritual de Nostra Dona de Montserrat ce groupe sculpté. Ce travail ne compte pas parmi les œuvres de la plus haute importance artistique de Gaudí; il traduit, néanmoins, son enthousiasme croissant pour la religion ainsi que ses idées nationalistes: au-dessus du groupe sculpté, on reconnaît les couleurs nationales de la Catalogne. Sa réalisation de la statue de Jésus a suscité des protestations et Gaudí — comme si souvent — a abandonné le projet.

Casa Vicens

1883-1888

On ne peut guère s'imaginer de début plus somptueux pour un jeune architecte. Telle un château
sorti des contes des Mille et une Nuits; elle se
dresse devant les visiteurs du n° 24 de la Calle des
Carolines à Barcelone. Et pourtant, c'est en vérité,
une fort petite maison, certes pas une résidence
princière, mais l'habitation d'un fabriquant de briques et de carrelage. Dix années s'écoulèrent entre
la commande et la fin des travaux. Mais on n'y travailla réellement que cinq ans, ce qui ne constitue
pas un délai très long, pour arriver à ce résultat. Le
bâtiment allie la tradition bourgeoise espagnole (et
s'en tire avec une pierre extrêmement bon marché)
et la tradition arabe, vieille de plusieurs siècles.
Gaudí en a fait quelque chose d'original et a commencé en bas plutôt à l'espagnole pour se faire, à
mesure que le bâtiment s'élevait, de plus en plus
arabe, peut-être même persan — il n'est pas aisé
d'établir la distinction.

Ci-dessus: Balcon d'une tour d'angle (à gauche). L'un des couronnements de tours sur le toit (à droite).

Page 37: Vue depuis la Calle de Carolines sur la façade donnant sur le jardin (à gauche) et sur celle qui est orientée sur la rue.

Lorsqu'en 1878, le propriétaire d'une briqueterie et fabriquant de carreaux de céramique, Manuel Vicens passa à Gaudí la commande d'une maison d'été, le jeune architecte n'avait encore aucune expérience pratique. On venait de lui attribuer, le 15 mars, le diplôme d'architecte. Et même, lorsque Gaudí entama la construction en 1883 avec un retard certain, il n'avait exécuté auparavant que des commandes de services publics. Une maison d'habitation représentait pour lui une terre inconnue. De plus, la tâche n'était pas nécessairement facile. Le terrain à bâtir n'était pas particulièrement étendu et la future maison devait s'intégrer dans une série de bâtiments tout à fait conventionnels.

Du point de vue de la structure architectonique, cet ouvrage de Gaudí n'est pas non plus d'un intérêt extrême. Si on considère la complexité des structures spatiales des travaux ultérieurs, on pourrait même dire que cette maison semble d'une conception simpliste. Les deux étages sont, du fait des murs principaux d'un seul tenant, à peu près également répartis. Le tracé est essentiellement rectangulaire; uniquement au niveau de l'entrée à laquelle Gaudí a adjoint un petit atrium, la salle à manger est légèrement décalée vers l'avant. Et pourtant, la Casa Vicens trahit déjà chez Gaudí un architecte unissant l'imagination et l'originalité. Surtout, elle montre combien Gaudí, avec tout son sens du grotesque, avait une intelligence pratique. C'est ainsi qu'il a reculé le bâtiment dans le fond du jardin, ce qui évita le morcellement du jardin et le fit paraître plus grand qu'il n'est qu'en réalité.

La forme conventionnelle rectangulaire du plan horizontal se trouve un peu escamotée de cette façon. On est frappé par la luxuriante décoration des façades lisses à l'aide de nombreux petits encorbellements en saillie et par l'aménagement des surfaces de maçonnerie extérieures: ces murs font l'effet d'objets précieux bien que Gaudí ait utilisé des matériaux fort simples. Le matériau de base est une pierre naturelle ocre, telle que Gaudí en utilisera encore plus souvent ultérieurement, combinée à la brique nue. Ce contraste-même est déjà séduisant. La brique, en soi banale, — opposée à la pierre de taille naturelle — devient une vraie pierre d'ornement. Mais la fascination exercée par l'extérieur de cette maison et dûe à l'utilisation généreuse de carreaux de céramique multicolores, qui, pour une part, courent en longues bandes sur les murs, et pour l'autre, sont ordonnés en une sorte de damier. Ces ornements géométriques rappellent, à quelque chose près, les bâtiments arabes. Dans cet ouvrage du début déjà, il n'est guère possible de distinguer exactement s'il ne s'agit pas également d'un motif persan. Gaudí s'y livre à son jeu caractéristique avec l'ornementation. Quand on y regarde de plus près, on découvre des traits tout à fait régionaux: un grand nombre de carreaux sont ornés de ces œillets d'Inde d'un orange lumineux qui poussaient dans tous les jardins. Même les tourelles décorant le toit rappellent vaguement les édifices mauresques. Quant à la grille en fer forgé devant le jardin dessinée par Gaudí, dont l'élément de base, sans cesse repris, représente la feuille digitée d'un palmier, elle évoque plutôt les influences de l'Art Nouveau. La Casa Vicens est un collage de styles extrêmement différents. Si cette maison a quelque chose de caractéristique, c'est bien la rupture de style. Comment interpréter les curieux petits personnages ressemblant à de petits amours qui sont assis sur la balustrade d'un petit balcon? La Casa Vicens constitue un exemple illustrant comment à partir seulement de

Page 40: Porte d'entrée sur la façade sud. Le mur extérieur est confectionné à partir de pierres brutes et est décoré de carreaux dont Gaudí lui-même a dessiné le motif.

Page 41: Cheminée dans la salle à manger. Les dessins muraux représentent des oiseaux et des branches.

Ci-dessous: En alternative au motif en damier des carreaux bleu-vert et blancs, Gaudí a utilisé des bandes multicolores de carreaux sur lesquels se répète le motif de plusieurs œillets d'Inde.

Ci-dessus: Plafond de la galerie attenant à la salle à manger.

Page 42: Salle à manger. Les meubles ont, en même temps, la fonction de cadres pour tableaux sur les surfaces murales. Dans les espaces entre les poutres du plafond, on remarque des reliefs de fruits en abondance; les petites surfaces murales sont décorées de motifs de fleurs et de feuillage.

Page 43: Fumoir. Des motifs ressemblant à des stalagtites pendent du plafond. La partie supérieure des murs est un relief coloré réalisé en carton pressé. Pour le revêtement des parties inférieures, on a utilisé des carreaux décoratifs bleus et or.

Page 46: Plafond de la salle à manger. Les stucs entre les poutres de bois représentent des cerises et des rameaux de cerisiers.

Page 47: Le plafond d'une petite pièce du premier est décoré de telle façon qu'il représente en trompe-l'œil une coupole.

l'aménagement des surfaces, à partir d'une abondante décoration, on peut faire d'un bâtiment banal un vrai petit château.

Le charme de l'ornementation se retrouve à l'intérieur de la maison. Là aussi, domine un mélange époustouflant de styles qui pourtant ne cesse de provoquer une impression d'unité stylistique — à vrai dire seulement un bref instant. Un regard attentif sur les détails détrompe tout de suite l'observateur. Aussi est-ce le fumoir qui rappelle le mieux les petits cabinets mauresques. Au centre on retrouve un narghilé autour duquel se groupent des fauteuils et canapés. Mais ici aussi, la décoration murale est créée, comme sur les façades extérieures, à partir de carreaux à motifs de fleurs réalistes et les grappes de stalagtites qui tombent du plafond ne sont certes pas d'origine arabe.

La salle à manger — la pièce comportant le plus de somptuosité dans la maison — est le plus marquée par l'Art Nouveau. Des stucs précieux représentant des motifs de rameaux de cerisiers couvrent les espaces entre les grosses poutres de bois au plafond. Les murs, auxquels on a gardé un chaud ton de brun, sont décorés d'arabesques de lierre, l'encadrement des portes est peint de motifs d'oiseaux.

L'imagination de Gaudí paraît ne pas avoir eu de limites. Espiègle, il se sert des formes les plus variées — l'essentiel était qu'elles eussent un effet ornemental. Même la pseudo-coupole habituelle depuis l'époque baroque, réalisée en trompe-l'œil, ne fait pas défaut. Mais elle est brillamment exécutée. Un instant, on croit en effet voir le ciel traversé par des oiseaux. Ce n'est qu'au second coup d'œil que l'on s'aperçoit de la véritable décoration du plafond.

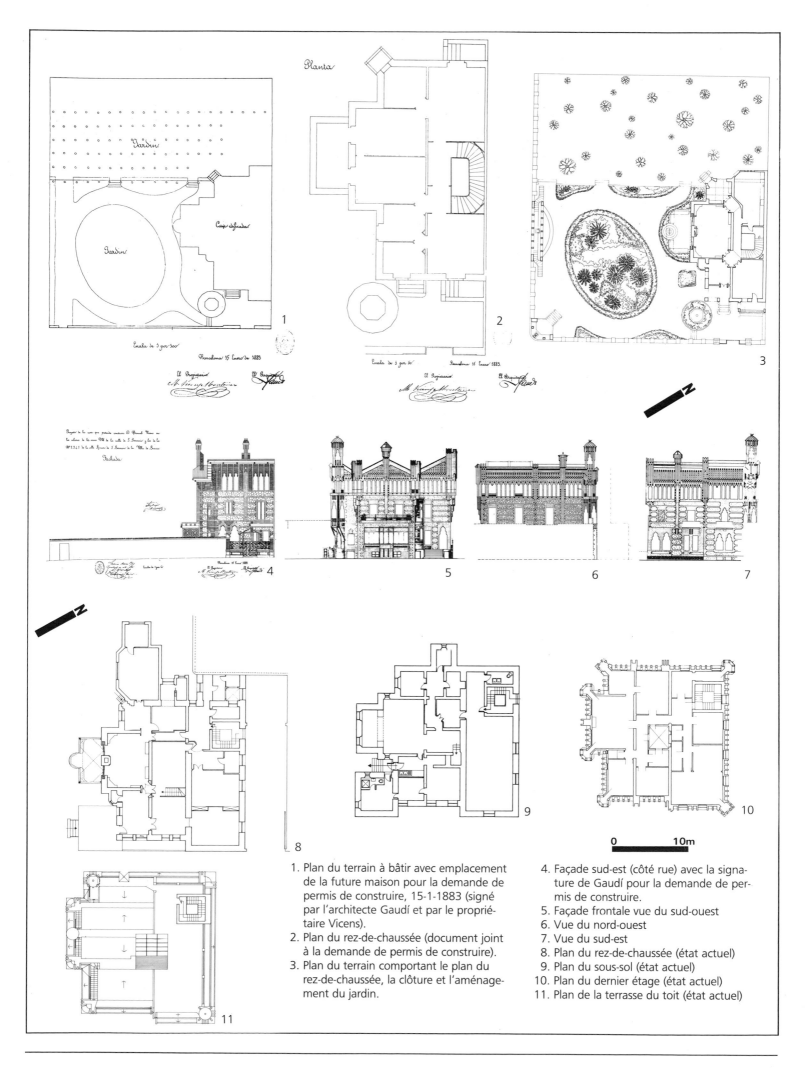

1. Plan du terrain à bâtir avec emplacement de la future maison pour la demande de permis de construire, 15-1-1883 (signé par l'architecte Gaudí et par le propriétaire Vicens).
2. Plan du rez-de-chaussée (document joint à la demande de permis de construire).
3. Plan du terrain comportant le plan du rez-de-chaussée, la clôture et l'aménagement du jardin.

4. Façade sud-est (côté rue) avec la signature de Gaudí pour la demande de permis de construire.
5. Façade frontale vue du sud-ouest
6. Vue du nord-ouest
7. Vue du sud-est
8. Plan du rez-de-chaussée (état actuel)
9. Plan du sous-sol (état actuel)
10. Plan du dernier étage (état actuel)
11. Plan de la terrasse du toit (état actuel)

Casa El Capricho

1883-1885

Il serait vain maintenant de vouloir chercher les raisons qui sont à l'origine du surnom de cette maison: «El Capricho», une fantaisie, un caprice, pourquoi pas aussi une lubie. Si cela est dû à l'impression de frivolité que suscite la maison, le surnom
est bien choisi. Comme tombée par hasard du ciel,
venant d'un autre monde, elle s'élève au milieu
d'une petite étendue verte à Comilla près de Santander. Elle représente la tentative de Gaudí d'uni-
fier le Moyen Âge, période glorieuse de la Catalogne avec la grâce des résidences orientales. Elle
manifeste une certaine lourdeur, — bâtiment compact aux motifs de carrelages réguliers intégrés
dans des murs de briques. Même la tour sur ses
grosses colonnes reste attachée au Moyen Âge.
Mais ensuite, la tour s'élève avec désinvolture
comme un index pointé avec impertinence vers le
haut, et le petit toit qui la couronne semble rejeter
toute loi de pesanteur.

A vrai dire, la maison Vicens aurait déjà mérité aussi le nom de «El Capricho».
Les deux maisons sont riches en couleurs, évoquent des édifices mauresques
et ont été créées pratiquement à la même époque, ce qui est peut-être la raison
pour laquelle on peut parler à leur propos d'édifices jumeaux. Les avancées
arrondies et les encorbellements qui provoquent toujours l'étonnement ainsi
que les tourelles fort variées sur le toit de la Casa Vicens ont des allures bien
plus capricieuses que le manoir qui fut construit à Comillas, une petite localité
près de Santander pour Don Máximo Díaz de Quijano. Ici aussi, le terrain n'était
pas particulièrement grand; pourtant la maison est située au milieu de la ver-
dure, isolée comme une île. Ici également, Gaudí produit un effet d'ornementation mauresque à partir de carreaux dont le motif est une fleur espagnole.
Au lieu de l'œillet d'Inde de la Casa Vicens, il a choisi dans ce cas, une fleur
ressemblant au tournesol. Néanmoins, l'ornementation de El Capricho est plus
austère; c'est en vain qu'on y chercherait l'imagination débordante et les couleurs somptueuses de la Casa Vicens. Le bâtiment principal comprend alternativement neuf rangées de briques puis une rangée de carrelage fleuri, ce qui suscite un ryhtme régulier.

De capricieux (du surnom El Capricho), il n'y a, à vrai dire, que la tour aux
allures de minaret qui s'élève dans un unique but décoratif; elle n'a aucune
fonction pour la maison d'habitation. On peut aussi considérer comme des
«caprices» les bizarres petits balcons saillissant aux angles de la maison. Gaudí
les a munis d'une balustrade plus grande que d'ordinaire et d'un «toit» en barres de fer à profil carré. Ils semblent tout à fait dénués de fonction; pourtant
Gaudí y apporta une petite surprise. Il fixa, à deux tubes de fer de cette grille
ornementale, des contre-poids nécessaires aux fenêtres coulissantes de sorte
que lorsqu'on ouvrait et fermait les fenêtres, ces tubes vibraient et produisaient
des sons étranges.

0   5m

Hiroya Tanaka

Mais si les ornements de façades paraissaient graves par comparaison avec la Casa Vicens, la structure architectonique de ce manoir (pour un célibataire) trahit plus de liberté et de badinage dans sa conception. Déjà en approchant de l'entrée, on découvre une des «fantaisies» de cette maison. La porte d'entrée est presque cachée par quatre colonnes relativement larges, surmontées d'un chapiteau à motifs filigranés et se réunissant en trois arcs en plein cintre. Au-dessus de ce portique s'élève alors la tour. Mais malgré ce déploiement de lubies, on reconnaît dans ce bâtiment aussi le caractère pratique de Gaudí. Le toit-une partie de bâtiment à laquelle l'architecte portait toujours une attention particulière — est relativement sobre pour un ouvrage de Gaudí: il est surtout fort pointu. En effet, l'architecte avait tenu compte des conditions climatiques extrêmement pluvieuses de la région.

La répartition des pièces diffère essentiellement de celle de la Casa Vicens. Elle est tout à fait adaptée aux besoins d'un célibataire fortuné. Si dans la maison Vicens, la salle à manger, nettement plus vaste que les autres pièces, était située au centre, El Capricho ne comprend qu'un étage où on trouve surtout des pièces favorisant les rapports sociaux: plusieurs chambres (également prévues pour les invités), une salle de réception et surtout un immense salon très haut de plafond. Ce salon — une espèce de jardin d'hiver — constitue le centre; autour de lui se regroupent, un peu comme des ajouts, les autres pièces. L'éclairage est également différent de celui de la Casa Vicens. Par rapport à ses dimensions, la Casa Vicens comporte relativement peu de fenêtres, ce qui confère alors plutôt une chaude intimité aux pièces. El Capricho, au contraire, baigne

Ci-dessous: Plafond de la salle à manger

Page 53 en bas: Plafond de la salle de bains en bois et marbre

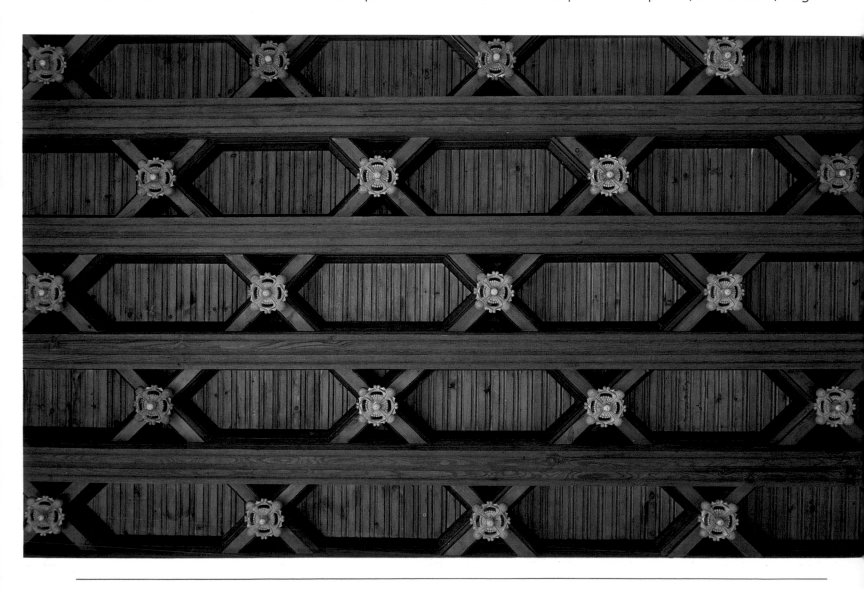

dans la lumière. Les murs du salon central sont constitués en grande partie d'immenses fenêtres qui ne sont séparées les unes des autres que par des piliers de bois, ce qui, déjà, donne à la pièce un aspect spacieux. A cela, s'ajoute la hauteur qui, à vrai dire, fait de la maison tout entière un caprice de l'architecte. Le salon s'élève jusqu'aux combles et comprend même une partie du rez-de-chaussée surélevé réservé normalement au personnel domestique. C'est donc une pièce atteignant la hauteur de deux étages, approchant même celle de trois.

La manière de procéder de Gaudí dans l'élaboration de cette maison était tout à fait insolite pour lui. En général, il créait ses maisons sur le lieu-même de construction. Sur le chantier, il lui venait toujours de nouvelles idées. C'est ainsi qu'au cours de leur réalisation ses projets de construction «poussaient» dans des directions imprévues. Dans le cas de El Capricho, il s'écarta de cette habitude. Il confia la direction des travaux à son ami Cristòfol Cascante i Colom. Lui-même ne se rendit jamais sur le chantier. Il doit cependant avoir eu des descriptions précises de la situation de la maison à construire car il a tenu compte dans d'innombrables détails des circonstances particulières de l'emplacement: la maison est située sur un terrain en pente, on y fit spécialement des travaux de remblais — Gaudí construisit pour les murs de soutènement de petites «colonnes» qui, dans la partie supérieure, ont quelques ressemblances avec la tour du minaret de la maison. Et le choix des couleurs pour les carreaux s'harmonisent parfaitement à l'association de la pelouse verte et du sol sableux. Par la suite, Gaudí n'a plus jamais travaillé qu'en contact direct avec le chantier et le bâtiment en construction.

Ci-dessus: Porte donnant sur un balcon au dernier étage de la maison El Capricho. La construction du linteau dans un matériau ressemblant à l'étain se retrouve dans de nombreuses fenêtres.

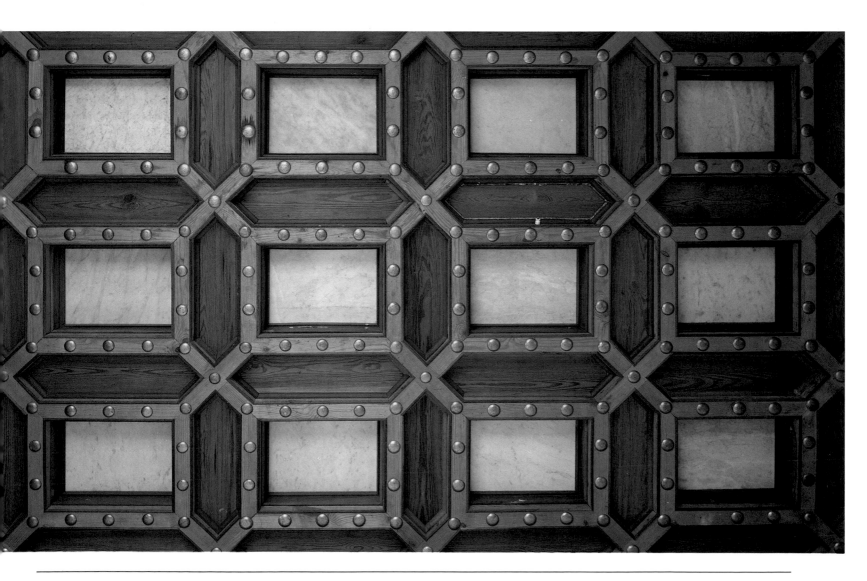

Page 54: Cette prise de vue d'une partie de la façade frontale montre le mélange fantaisiste de styles propre à Gaudí: à gauche, un des arrondis ressemblant à une puissante tour du côté extérieur; à droite, l'arc du mur du portique d'entrée s'élevant, massif, au dessus d'une colonne mince; entre les deux, les ornements ajourés, qui, malgré le motif du tournesol, rappellent les édifices mauresques.

A gauche: Façade arrière (orientée vers le sud-est). La partie recouverte de tuiles sur le côté droit a été rajoutée en 1916.

Page 56: Vue sur la façade nord. Les balcons sont munis de pergolas et de balustrades en fer forgé.

A gauche: mur de soutènement sur le côté sud du bâtiment. Au milieu se trouve un emplacement non couvert pour des conversations en plein air.

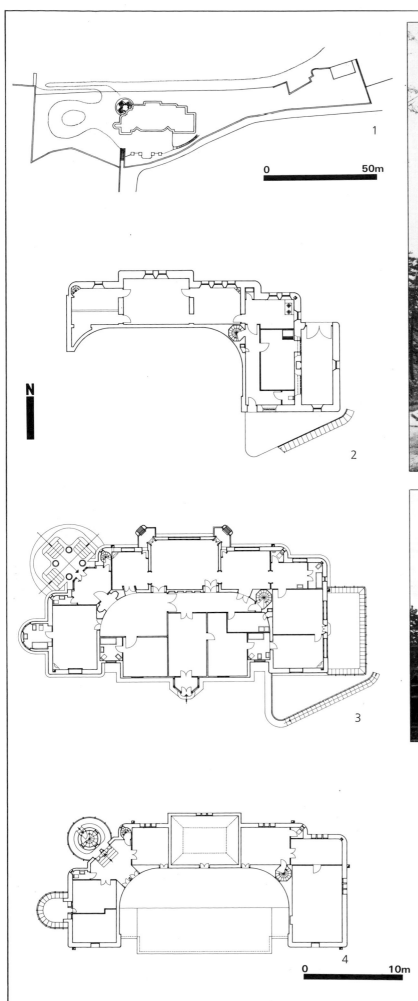

La vue de El Capricho du côté de l'entrée (illustration supérieure) suscite l'impression qu'il s'agit d'un bâtiment compact au plan horizontal rond ou carré. Un regard sur le côté sud du bâtiment (illustration inférieure) montre la véritable disposition de la maison telle que la révèlent les plans des différents étages. Il s'agit d'une maison en gros rectangulaire dont la structure aux étages supérieurs varie légèrement selon la répartition des différentes pièces.

1. Plan de l'emplacement
2. Plan du sous-sol
3. Plan du rez-de-chaussée
4. Plan de l'étage mansardé

Finca Güell

1884-1887

Dans sa troisième grande réalisation, Gaudí choisit
la dérobade. A peine si une fenêtre vient interrom-
pre les murs extérieurs qui, uniformément décorés
d'ornements en demi-cercles clairs, pourraient bien
abriter le harem d'un sultan. L'entrée ne pourrait
être plus austère. Une petite maison de concierge à
gauche tourne avec provocation un de ses angles
vers le visiteur; le long bâtiment plat, à droite, avec
son magnifique toit en forme de coupole paraît
tout aussi impénétrable. Qui désirerait tout de
même y entrer, trouverait sur son chemin un dragon de fer qui constitue la puissante grille du portail. Que ce ne soit pas un palais seigneurial qui se
dissimule derrière cette imposante façade, mais
tout simplement les écuries d'un domaine agricole
laisse deviner la richesse du propriétaire.

Ci-dessus: Vue générale de l'entrée. De gauche à droite, on voit la conciergerie, la grille au dragon et l'écurie.

Page 59: Coupole de la salle de manège avec une tourelle d'inspiration mauresque qui pourvoit grâce à ses nombreuses fenêtres à un éclairage régulier du manège.

Page 61: Conciergerie et grille au dragon (en haut). Tour d'aération artistiquement décorée sur le toit de la conciergerie (en bas).

Avant même que Gaudí eût reçu de son ami et mécène Eusebi Güell la grande commande d'une résidence aux allures de palais dans le centre de Barcelone, il avait eu l'occasion de faire apprécier à Güell quelques échantillons de son art. Güell avait acquis, en 1883, un domaine entre Les Corts de Sarrià et Pedralbes, à l'époque, encore en dehors de Barcelone. Gaudí devait y procéder à quelques travaux de restauration et construire quelques bâtiments nouveaux. Conformément à ce que s'imaginait Güell qui se souciait essentiellement de représentation, il devait remanier surtout l'entrée. Les travaux sur ce domaine s'effectuèrent donc parallèlement à la construction du palais et pourtant, ce sont bien des mondes architectoniques qui séparent ces deux projets. Ils font partie, bien qu'ils soient si proches chronologiquement, de deux périodes extrêmement différentes dans la création de Gaudí. Les bâtiments nouveaux du domaine se rattachent nettement au style mudéjar qui imprègne aussi la Casa Vicens et El Capricho. Dans le choix de l'ornementation Gaudí fait même, dans la dernière construction de cette triade, plus preuve de «pureté de style» que dans les deux constructions précédentes, — dans la mesure où l'on peut parler de pureté de style chez Gaudí! On peut en voir un exemple dans le motif de demi-cercles clairs avec lesquels il a décoré la façade. Gaudí a utilisé ici un dessin abstrait et non comme dans ses bâtiments antérieurs, le motif, familier à la région, de l'œillet d'Inde ou du tournesol. La petite tour également, qui s'élève au-dessus du toit en coupole aplatie, de l'école d'équitation a beaucoup plus de retenue et de raffinement que la tour insolite de El Capricho.

A travers l'unité de la décoration des façades, Gaudí exprimait clairement que ce projet était basé sur un plan unique et homogène bien que les éléments tels que l'écurie, le manège et la conciergerie fussent de natures si différentes.

La ressemblance de la Finca avec les deux bâtiments précédents de style mauresque est indéniable; et pourtant, dans ces trois petits bâtiments, Gaudí a créé quelque chose d'entièrement nouveau. L'aspect le plus fascinant réside surtout dans l'aménagement des pièces intérieures. Par exemple, la conciergerie comprend un seul étage de plan octogonal. Au-dessus, s'élève une coupole aplatie qui, parmi les moyens d'expressions de Gaudí, représente une nouveauté. La forme de la coupole se répète même dans les tours carrées attenantes à l'octogone. A ce bâtiment compact, presque cubique sont adjointes les écuries. Celles-ci se trouvent dans un long bâtiment bas dont l'impression d'unité avec la conciergerie ne se remarque que dans un revêtement identique des façades. Le manège attenant aux écuries et servant d'école d'équitation, ne se distingue guère, dans son apparence extérieure, des écuries. Seule une coupole avec une tourelle d'inspiration mauresque indique une fonction particulière. Grâce à la tour surmontant le manège et à celle de la conciergerie, on assiste à une sorte de mise entre parenthèses formelle qui crée l'unité de bâtiments extrêmement différents.

C'est surtout l'écurie qui, au niveau de l'architecture intérieure, est remarquable. La visite de ce domaine suscitera toute l'attention du connaisseur de la dernière phase de l'œuvre de Gaudí; on croit y reconnaître les signes précurseurs de l'intérêt porté ultérieurement par Gaudí aux arceaux étirés en hauteur. L'écurie est en effet recouverte d'une série de gros arcs crépis en blanc qui lui donnent une impression d'étendue et de clarté peu courante pour une écurie. Pourtant, ces arcs ne poussent pas à l'extrême la forme elliptique. Ils sont moins le signe avant-coureur des éléments de soutènement ultérieurs de Gaudí qu'une réminiscence du hall de la fabrique de Mataró. Pourtant la construction a des allures audacieuses et modernes et son style paraît surtout étonnamment neutre par comparaison avec la riche décoration des murs extérieurs.

Quant au portail situé entre la conciergerie et les écuries, il devrait avoir une plus grande signification que ces deux bâtiments. Il constitue un exemple parfait de l'art de la ferronnerie de Gaudí. En même temps, c'est le premier grand exemple d'élément d'Art Nouveau que nous rencontrons dans son œuvre. De plus, il révèle les grandes qualités de l'ingénieur d'études et expert en statique qu'était Gaudí. Large de cinq mètres, il est constitué d'une seule pièce; autrement dit, il n'est donc fixé que d'un seul côté. Le pilier auquel il est accroché est d'une longueur en rapport avec les dimensions du portail: plus de dix mètres. Si Gaudí avait construit — comme c'était l'usage — le portail symétrique, on aurait eu l'impression de voir une grille de prison. Mais à partir d'une hauteur de dix mètres, Gaudí fait s'incliner d'un peu plus de la moitié la ligne

Le portail dit au dragon à l'entrée de la Finca Güell est probablement inspiré du mythe des Hespérides. Selon ce mythe, un dragon ailé gardait le jardin dans lequel vivaient trois magnifiques nymphes. Héraclès réussit à vaincre le dragon afin de pénétrer dans le jardin.

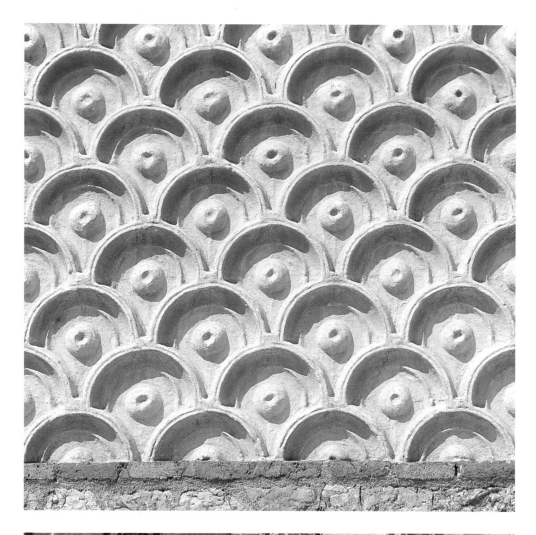

A gauche: Les murs extérieurs de la conciergerie et de l'écurie sont décorés de motifs en alvéoles.

Ci-dessus: Détail du portail au dragon. Tel un gardien furieux des enfers, le dragon montre à tout importun les innombrables dents de sa gueule.

A gauche: Motif de décoration du mur extérieur du manège.

Page 64: Partie supérieure de la colonne du portail au dragon. Le couronnement de cette tour constitue une sculpture qui, de par ses ornements d'une grande imagination, imite la ramure et le feuillage dense d'un petit oranger. On ne s'en rend peut-être pas compte au premier coup d'œil, mais les joints de mortier entre les briques des colonnes, sont décorés de petits bouts multicolores de céramique.

Page 65: Entrée de l'écurie dans laquelle est située aujourd'hui la chair d'études sur Gaudí de l'Institut Universitaire Technique d'Architecture (à droite).

A droite: Vue depuis la conciergerie sur les écuries et sur la coupole du manège. Le toit de l'écurie est couvert d'une série de tubes blancs. Cet élément réapparaît, un peu modifié, dans l'école paroissiale de la Sagrada Familia.

Page 68: Intérieur de l'écurie — un exemple parfait de l'appréhension de l'éclairage par Gaudí! Les murs intérieurs clairs et nus reflètent régulièrement la lumière qui luit à travers les fenêtres de la coupole.

supérieure du portail de fer, ce qui lui confère une élégance frivole. La partie inférieure du portail est un assemblage relativement lâche de petits carrés de métal. Au-dessus, se dressent les lignes sinueuses d'un énorme dragon ouvrant une gueule effroyable. Ce dragon donne son nom au portail et est en même temps un exemple précoce de la place de la symbolique dans l'œuvre de Gaudí: il est le gardien du jardin et, aussi frivole qu'il puisse paraître du fait des ses nombreuses arabesques dans le style de l'Art Nouveau, il remplit très efficacement sa fonction. Si on ouvre le portail, son pied aux puissantes griffes de fer se soulève.

Ce sont là les ouvrages principaux pour le domaine Güell. Parmi les innombrables autres petits travaux — transformations de l'ancienne résidence des Güell et mur de clôture pour le cimetière — il y en a plusieurs qui ont été démolis. Mais ils étaient, de toutes façons, totalement insignifiants en face de l'incomparable portail au dragon qui reste, encore de nos jours, un chef d'œuvre de la ferronnerie catalane.

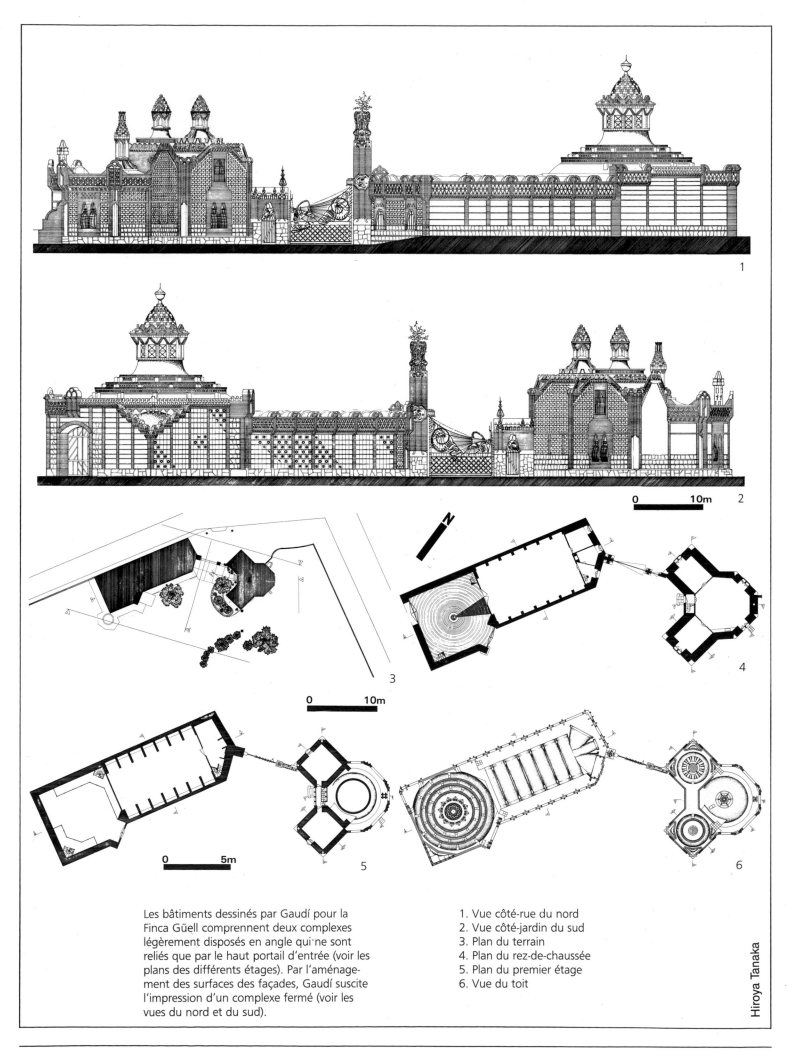

Les bâtiments dessinés par Gaudí pour la Finca Güell comprennent deux complexes légèrement disposés en angle qui ne sont reliés que par le haut portail d'entrée (voir les plans des différents étages). Par l'aménagement des surfaces des façades, Gaudí suscite l'impression d'un complexe fermé (voir les vues du nord et du sud).

1. Vue côté-rue du nord
2. Vue côté-jardin du sud
3. Plan du terrain
4. Plan du rez-de-chaussée
5. Plan du premier étage
6. Vue du toit

Hiroya Tanaka

67

1

2

3

4

5

6

7

8

9

10

0   5m

Les façades des trois bâtiments donnent à penser que la construction doit être sobre à base essentiellement de formes angulaires. Un regard sur les coupes longitudinales et transversales montre Gaudí a contrebalancé cette impression de l'extérieur par l'aménagement intérieur des pièces: en effet la voûte en coupole y domine:

1. Coupe longitudinale des écuries et du manège
2. Coupe transversale de l'écurie
3. Vue nord-est de l'écurie
4. Vue sud-ouest du manège
5. Vue de la conciergerie
6.-10. Coupes à travers la conciergerie

Dessin: Hiroya Tanaka

Palacio Güell

1886-1889

A quelque endroit qu'on se place dans la Calle Nou
de la Rambla, il est difficile d'embrasser d'un seul
coup d'œil le palais que Gaudí a construit pour son
ami Eusebi Güell. Cela n'est certes pas dû à ses
dimensions qui ne sont que de 18 mètres sur 20.
Sur un tel terrain on peut, tout au plus, édifier une
fort respectable maison bourgeoise. Seulement, la
rue (qui, on peut le remarquer en passant, n'est
pas spécialement située dans un des quartiers les
plus cotés) est tellement étroite que l'on n'a pas
assez de recul pour pouvoir apprécier, à sa juste
valeur, le palais. Si on le regarde à partir d'une des
maisons d'en face, on peut voir une façade sobre
en grosses pierres de taille. On ne peut apercevoir
grand chose des riches façades des étages inférieurs. En revanche, on s'étonne des tourelles dont
revêtira, dès lors, Gaudí les cheminées de ses maisons: c'est un palais avec un jardin de contes de
fées sur le toit.

Lorsque, vers le milieu des années quatre-vingts, Eusebi Güell fit de Gaudí son architecte préféré, ce dernier n'avait pas encore laissé beaucoup de témoignages de son art. La Casa Vicens en était à la moitié des travaux de construction, El Capricho était presque terminée. A vrai dire, l'estime que cet homme d'affaires éprouvait pour Gaudí était fondée sur ce qu'il avait pu voir de lui à l'exposition universelle; à plusieurs reprises dans sa vie, Gaudí a connu, de la part de ses clients, une grande confiance en son art bien que celui-ci dût encore s'affirmer et se manifester. Güell a pressenti le talent de Gaudí; certainement, il était également séduit par l'engagement social du jeune artiste et par ses prises de position catalanes. De l'autre côté, ce qui, chez Güell, fascinait Gaudí, c'était une rare alliance d'aristocratie, de fortune et d'engagement en faveur des couches inférieures de la société. Lorsque Gaudí imagina un blason pour Güell, il lui a ajouta la devise suivante «Hier un berger, aujourd'hui un seigneur» résumant en une tournure ramassée la carrière de Güell qui avait eu une enfance modeste mais avait rapporté d'un séjour en Amérique une fortune considérable. Lorsqu'il se fit construire un palais au milieu de Barcelone, l'argent ne constituait plus guère un sujet de souci pour lui. Un employé chargé de gérer ses finances qui lui fit remarquer la croissance énorme des frais de construction ne fut guère écouté. «Je remplis les poches de Don Eusebio et Gaudí les vide», tels auraient été alors ses mots.

Certes, en retour, Güell recevait un bien qu'il était impossible d'évaluer en termes d'argent. Pourtant, les conditions n'étaient pas du tout favorables. La Conde del Asalto dans laquelle devait figurer le palais est étroite (aujourd'hui elle porte le nom de Calle Nou de la Rambla); le terrain à bâtir était plutôt exigu: 15 mètres sur 22 ne sont généralement pas les dimensions d'un palais, même pas d'un hôtel particulier. Rien que pour la façade, Gaudí ne réalisa pas moins de 25 plans. Il se décida pour une version extrêmement modeste, austère par comparaison avec les autres façades de maisons qu'il avait réalisées jusque là. Le front de la maison qui est mitoyenne à la maison voisine, est dominé par les angles droits. La décoration essentielle est constituée par la tribune légère-

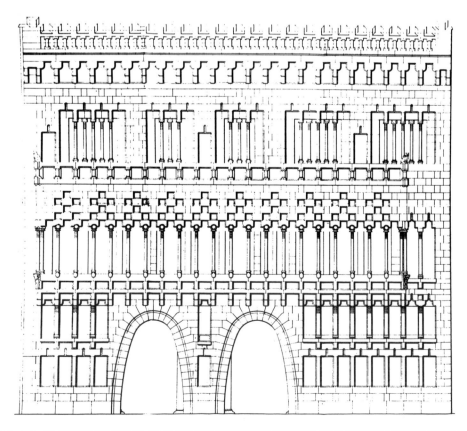

Calle del Conde del Asalto n°3 y 5

Escala de 1 por 70

Barcelona 20 Junio 1886
El Arquitecto
A. Gaudí

0   5m

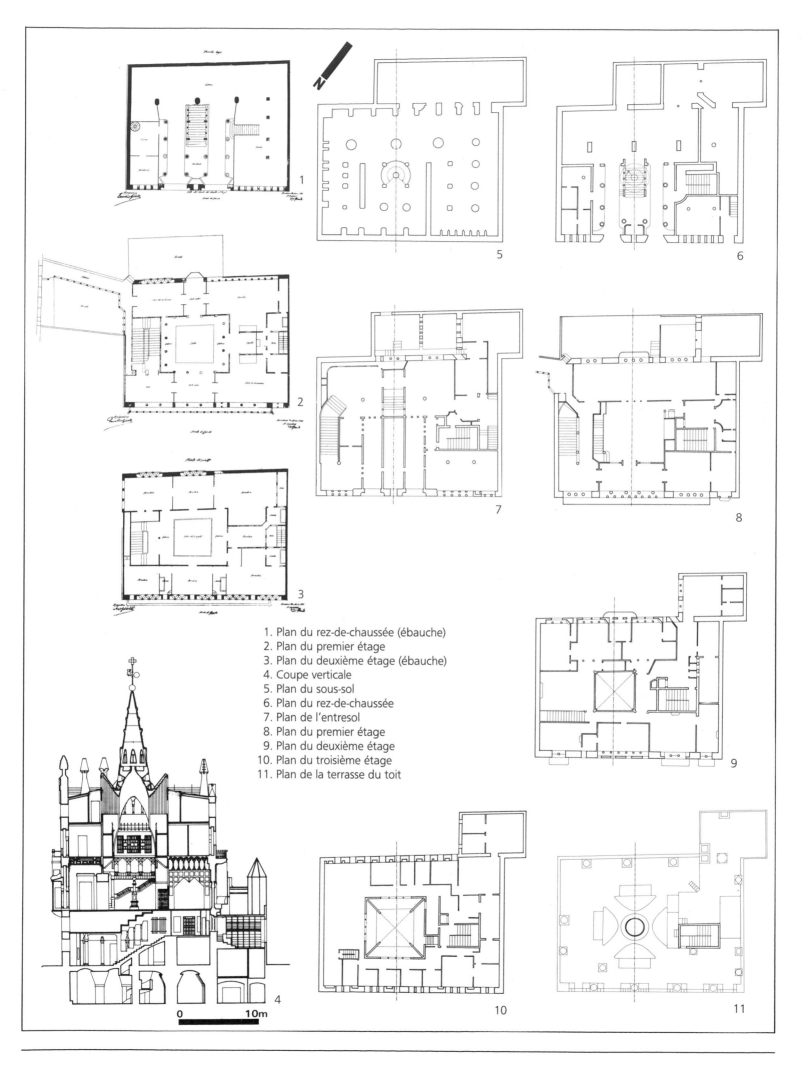

1. Plan du rez-de-chaussée (ébauche)
2. Plan du premier étage
3. Plan du deuxième étage (ébauche)
4. Coupe verticale
5. Plan du sous-sol
6. Plan du rez-de-chaussée
7. Plan de l'entresol
8. Plan du premier étage
9. Plan du deuxième étage
10. Plan du troisième étage
11. Plan de la terrasse du toit

0   10m

ment en saillie qui s'étend seulement des deux côtés jusqu'au deuxième étage. Gaudí a entièrement renoncé à toute décoration sculpturale; uniquement entre les grands portails d'entrée, il a placé une colonne richement décorée des emblèmes de la Catalogne — une allusion claire aux préférences politiques du propriétaire (comme d'ailleurs aux siennes). Grâce à cette façade sobre, déterminée par la droiture des lignes, et qu'il revêtit de plaques de marbre gris poli, le palais paraît plus grand qu'il n'est en réalité. Il rappelle un peu les palais vénitiens de la Renaissance; peut-être Gaudí voulait-il par là ériger un monument en l'honneur de la mère de Güell qui venait d'Italie — mais certes pas d'un palais.

En tout cas, un élément anachronique vient briser le style à l'ancienne de cette façade. Deux gigantesques portails aux grilles de fer se dressent devant le visiteur qui ne peut reculer assez dans cette rue étroite pour jouir complètement de leur effet. (C'est pourquoi ces portails sont généralement photographiés de biais à l'aide d'un objectif grand angle et suscitent alors l'impression de s'incliner vers l'intérieur). Ces portails ont choqué l'opinion publique. Ils étaient les premiers de ce genre à Barcelone, ce qui provoque toujours le scepticisme ou la critique. Plus tard, ce genre de portails fut utilisé partout et il ne constitue pas le seul exemple illustrant combien Gaudí a créé de modes dans le bâtiment. Les portails ont une forme d'arc particulière. Il ne s'agit pas exactement de l'arc en ogive de l'art gothique ni de l'arc en plein cintre des édifices arabes dont Gaudí s'inspirait encore beaucoup pour ses premières maisons.

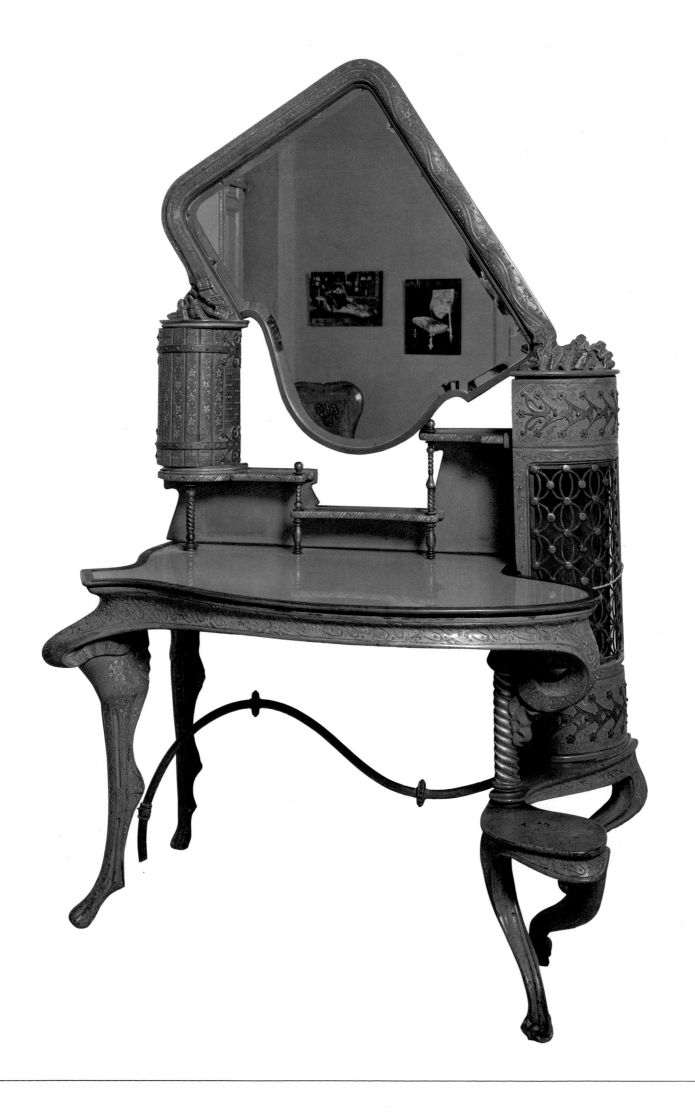

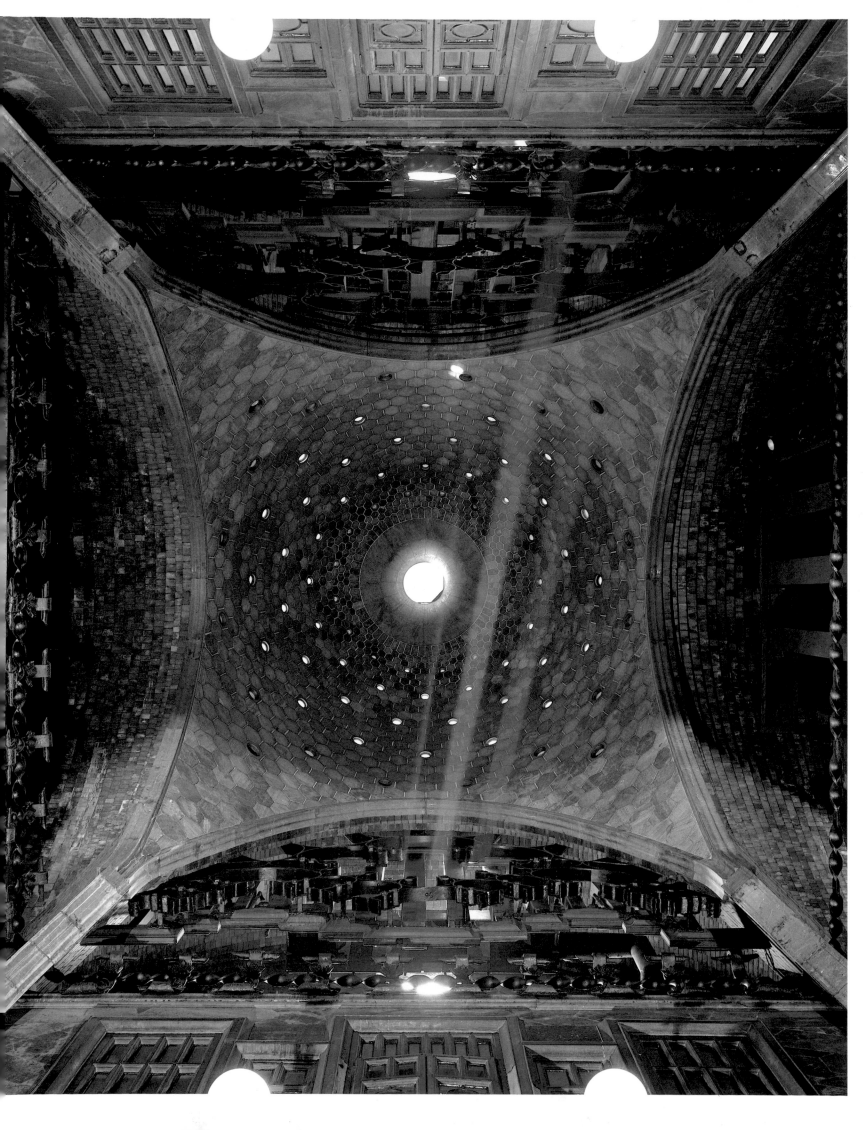

Ci-dessous: Sofa dessiné par Gaudí. Pour ce palais, Gaudí a créé de nombreux meubles dans le style de l'Art Nouveau. Ce sofa représenté ici fait partie de la chambre du deuxième étage.

Gaudí avait inventé ici, pour la première fois, cet arc elliptique que l'on trouvera dorénavant dans tous ses édifices et que, par la suite, il perfectionnera pour en faire un élément de soutènement. (Cet élément lui a permis de se passer des arcs de soutènement et des piliers de soutien qui lui déplaisaient tant dans l'art gothique). La forme elliptique réapparaît à l'intérieur de la maison. Gaudí joue même avec la tradition gothique. Dans la salle de réception, à l'étage principal du palais, la lumière qui pénètre par les fenêtres est tamisée par trois arcs elliptiques naissant de gigantesques colonnes de pierre polie grise. Les arcs, qui s'étirent en hauteur, donnent l'impression d'une fenêtre gothique; mais les fenêtres que Gaudí a utilisées dans le Palais Güell sont rectangulaires, contrastent donc avec la forme arquée. Dans cette salle de réception, Gaudí reprend donc la rupture avec le style dominant qu'il avait aussi opérée dans la façade extérieure à l'aide des arcs des portails.

De plus, ces arcs représentent les premiers signes de l'attention qu'il porte à l'Art Nouveau. Dans le tiers supérieur, ils sont décorés par un riche ornement de barres de fer courbées dans lesquelles on reconnaît les initiales du propriétaire; ils sont encadrés par une ligne sinueuse rappelant un fouet de cocher. Gaudí fait allusion, par là, à la fonction de ces portails et justifie en même temps leurs dimensions démesurées: les invités devaient entrer avec leurs coches par cette entrée. Pour les chevaux, il aménagea dans le hall d'entrée une rampe légèrement inclinée accédant aux écuries de sous-sol; cela aussi constituait, comme le portail, une innovation dans l'architecture barcelonienne. Le début de la carrière d'architecte de Gaudí dans cette ville — la Casa Vicens était située un peu en dehors dans le quartier de Gràcia — était époustouflant. Les éléments du style de l'Art Nouveau que l'on trouve dans le portail d'entrée sont repris à l'intérieur du bâtiment. Il s'agit d'abord de riches décorations ornant les colonnes de soutien en forme de champignon au sous-sol jusqu'aux élégantes et précieuses colonnes grises en serpentine polie originaire de carrières pyrénéennes. On dénombre au total 127 colonnes dans le palais, ce qui, pour une part certaine, contribue à créer une impression de grandeur imposante — illusion optique que Gaudí a consciemment exploitée. Pour cela, il s'accommode de disproportions. Les portails d'entrée n'ont, dans leurs dimensions, aucun rapport avec la superficie totale de la façade. Mais lorsqu'on se tient devant eux, on a obligatoirement l'impression de voir un palais d'une taille incommensurable. On ressent la même chose en montant l'escalier menant au premier étage (le bâtiment comprend en tout six étages). Au centre du palais, il y a un hall qui occupe trois étages. Il remplace, si on veut, la cour intérieure habituelle, éveille chez le visiteur l'impression qu'il se trouve dans une gigantesque église baroque. Cette pièce est couronnée d'une coupole dans laquelle Gaudí a percé d'innombrables trous ronds. On croirait voir des étoiles scintiller au firmament de l'édifice. Mais aussi grandiose que puisse paraître cette pièce centrale, elle n'a que de neuf mètres carrés de superficie; mais elle a aussi une hauteur de 17,5 mètres. C'est seulement à cette hauteur qu'est dûe l'impression de grandeur imposante provoquée par cette salle où se déroulait la vie sociale. Pour l'amateur de musique qu'était Güell, Gaudí a dessiné un orgue dont il a placé les tuyaux dans la galerie supérieure. De cette façon, la musique semble pleuvoir sur les auditeurs. Un autel complète l'aménagement de cette pièce singulière qui, à l'origine, ne devait avoir qu'un rôle marginal. Cependant, au cours de l'élaboration des travaux l'enthousiasme de l'architecte et de son client pour cette pièce s'accrut de telle sorte que celle-ci finit par devenir le centre vital de l'édifice. Les autres pièces (d'ailleurs plutôt nombreuses) paraissent s'ordonner

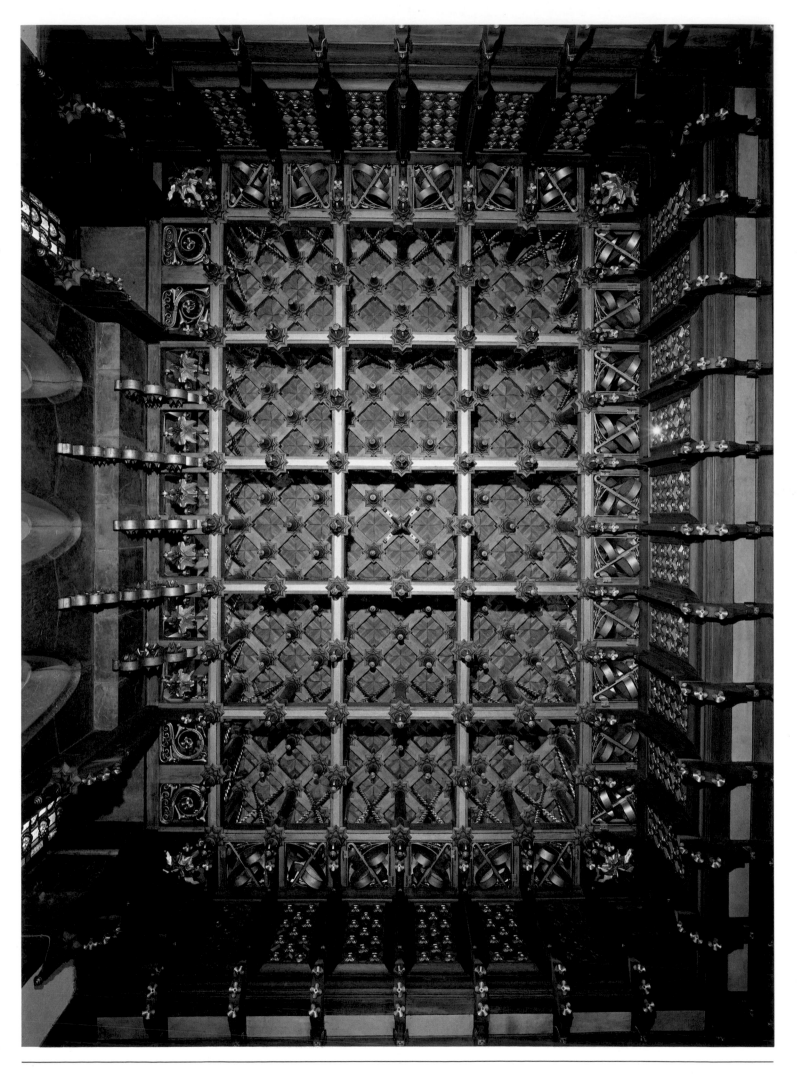

autour de ce hall qui constitue une espèce de colonne démésurée «portant» le reste du bâtiment.

Les autres pièces ne sont certes pas d'une importance secondaire. Gaudí a déployé une grande application pour aménager les plafonds qui sont somptueusement décorés de boiseries, lambrissés de bois d'eucalyptus et de cyprès, complétés (et aussi soutenus) par des éléments de fer très décoratifs; on ne remarque aucune grosse poutre. A côté des caractéristiques architectoniques, on observera surtout aussi les meubles que Gaudí a dessinés et à travers lesquels, il développa un Art Nouveau tout à fait personnel. Les courbes gracieuses caractéristiques voisinent avec des formes d'une étonnante austérité. Le miroir de la coiffeuse, à l'étage supérieur, fait l'effet d'un collage de formes traditionnelles de miroirs rectangulaires et, à la base, d'élégantes arabesques selon le style de l'Art Nouveau; c'est la combinaison de deux miroirs extrêmement différents. On constate autant d'originalité dans les deux éléments de bois sur lesquels il est posé, on pourrait presque dire, en équilibre. Ce sont des colonnettes dont les pieds ressemblent à des sculptures surréalistes aux grotesques contorsions. Lors de constructions ultérieures, les ouvriers ont souvent demandé, avec beaucoup de scepticisme, à Gaudí comment le bâtiment allait tenir. Devant la coiffeuse, on se pose continuellement cette question. On a l'impression que le miroir pourrait tomber à tout moment.

Les formes distordues des pieds de cette table réapparaissent encore dans le bâtiment, et ce, sur le toit. Pour Gaudí, le toit a toujours représenté un élément d'importance. C'est souvent pour le toit qu'il a le plus laissé libre cours à son imagination. Cela ne le gênait pas que les formes bizarres qu'il y mettait ne fussent même pas visibles de la rue. Le toit du palais est couronné par une espèce de coupole s'élevant au-dessus du hall central et se terminant par une tour pointue qui confère au bâtiment un étrange caractère de sacré. Pourtant, la tour détonne complètement, même pour ce qui est des coloris; elle paraît tout simplement rapportée. Elle est entourée de dix-huit sculptures aux allures surréalistes qui rappellent les pieds de la coiffeuse et constituent les premiers spécimens de ces tourelles que Gaudí voulut porter à un point sublime, par la suite, lorsqu'il réalisa les coiffes en forme de mitres des clochers de la Sagrada Familia: ce sont de petites créations retournées sur elles-mêmes ornées de pointes et d'angles paraissant être de purs gadgets tout en ayant — comme c'est fréquemment le cas chez Gaudí — une fonction d'une haute utilité. Ce sont les revêtements des cheminées et des bouches d'aération. Gaudí a masqué la fonction banale de ces éléments par une riche ornementation de carreaux de mosaïque multicolores.

Ce palais arracha brusquement Gaudí à l'anonymat. Pendant les travaux (de 1886 à 1889, laps de temps étonnamment court) parurent dans la presse (et même dans des revues américaines) des reportages qui, au début, n'évoquaient que le nom du propriétaire, mais bientôt, s'intéressèrent à ce jeune architecte qui se frayait ici avec désinvolture de nouvelles voies dans l'architecture.

Page 84: Le plafond de la salle de séjour-salle à manger est en bois de hêtre.

Ci-dessus: Gaudí tamise la lumière vive venant de l'extérieur à l'aide de plusieurs arcs elliptiques.

Ci-dessous: Sous-sol avec de grosses tours de soutènement et la rampe en spirale pour l'accès des coches.

Colegio Teresiano

1888-1889

Resplendissant sous le soleil méridional, le bâtiment
se découpe majestueusement sur le bleu du ciel.
De l'ensemble se détachent les couleurs de l'ordre
religieux dont il dépend : l'ordre de Sainte Thérèse
d'Avila. Mais les apparences sont trompeuses. Pauvreté et parcimonie constituaient les règles suprê-
mes de cet ordre; et Gaudí dut se soumettre à ces
règles. Aussi la tribune qui s'élève, telle une
colonne, au-dessus de l'entrée, est-elle la seule
décoration de cet édifice qui, chez Gaudí, fait
figure d'ascétique. Seuls les créneaux dentelés au
bord du toit étalent peut-être quelque magnifi-
cence. En même temps, ils dénotent le style du
bâtiment qui est tout entier consacré à la patronne
de l'ordre, or cette patronne se référait, dans sa
philosophie, à l'époque du Moyen Age, apogée de
l'art gothique. Gaudí l'a imitée à sa façon.

Page 87: Vue extérieure du bâtiment depuis le jardin de l'école.

Page 89: Partie de la tribune au milieu de la façade. Au milieu du premier étage se trouvent les armes de l'ordre des Carmélites : la croix sur le mont du Carmel, à droite, et à gauche, les cœurs de la Vierge et de Sainte Thérèse.

Pages 90/91: Ces couloirs au premier étage font le tour de la cour intérieure. La lumière naturelle se trouve habilement captée. Les murs blanchis à la chaux en reflètent l'éclat.

Ci- dessous: Fenêtre au rez-de-chaussée de la façade (à gauche).
Tour d'angle et armes de l'ordre des Carmélites (à droite).

Qu'il construirait un jour des bâtiments religieux pour lesquels ils se soumettrait entièrement au désir des clercs qui lui en passeraient la commande est une éventualité à laquelle l'étudiant voire le jeune architecte Gaudí n'aurait guère songé! Tout à fait selon les courants de pensée en vogue, il était plutôt anticlérical. Le projet de la Sagrada Familia l'a séduit au début uniquement pour des raisons d'architectonie — mis à part qu'il n'était guère possible pour un futur architecte de rejeter un projet d'une telle ampleur. Ses constructions profanes avaient plutôt révélé le tempérament débordant de l'architecte. Le fait qu'à la fin des années 80, il ait accepté de construire une école et une maison mère à Barcelone trahit un changement d'attitude à l'égard de l'Eglise. En effet, les conditions de travail étaient loin d'être favorables. En ce qui concerne le coût de la construction, Gaudí avait pour ses premières réalisations toujours pu se servir à pleines mains; même pour la Casa Vicens dont le propriétaire ne jouissait pas de moyens illimités, l'argent n'avait jamais constitué de problèmes. Lorsqu'il avait accepté la commande de l'édifice religieux, il se livrait à de généreuses dépenses pour le palais Güell, ce dont, a priori, il ne pouvait être question pour le Colegio Teresiano. L'ordre s'était fixé la règle suprême de parcimonie. Le budget de Gaudí était plutôt léger. Le fait qu'il observa, dans une large mesure, cette règle, montre combien Gaudí tenait compte des données — qu'il s'agisse des conditions locales du chantier ou de données culturelles (comme par exemple le passé historique de la Catalogne qu'il prit en considération lors de la construction de Bellesguard). Pourtant, le fondateur de l'ordre, Rév. Enric

d'Osso i Cervelló ne lui épargna pas quelques remarques. Alors que ce dernier lui faisait des remontrances à propos de ses dépenses, Gaudí manifesta, une fois de plus, son tempérament obstiné. Il aurait répondu «A chacun, ses fonctions, Père Enric. Je construis des maisons et vous, vous dites des messes et des prières.»

Les protestations du fondateur de l'ordre (l'ordre était encore récent; ce n'est qu'en 1876 qu'il avait été fondé) se référaient aux factures toujours plus élevées pour les briques et n'étaient pas tout à fait injustifiées. Gaudí n'était pas que sur un plan financier soumis à des contraintes pour le Colegio Teresiano; l'idéal de pauvreté de l'ordre impliquait l'idéal de parcimonie, de sobriété: il s'agissait donc de faire des économies sur tous les plans. Gaudí s'est tenu, en gros, à cette injonction, même si cela a pu lui être difficile. Il n'était de toutes façons pas entièrement libre dans la création de son bâtiment, dans la mesure où ce dernier était déjà construit jusqu'au niveau du premier étage: Gaudí devait donc, comme dans le cas de la Sagrada Familia, prendre la suite du projet de quelqu'un d'autre, ce qui rognait ici encore plus sa liberté. Toute la structure du plan était déjà donnée: un bâtiment austèrement rectangulaire et tout en longueur. Néanmoins, les étages supérieurs portent sans aucun doute le cachet de Gaudí. Le plan divise le bâtiment dans sa longueur en trois parties étroites qui sont disposées parallèlement. Dans la partie centrale, il y a au sous--sol un long et étroit corridor; au rez-de-chaussée, on trouve, à cet endroit, des

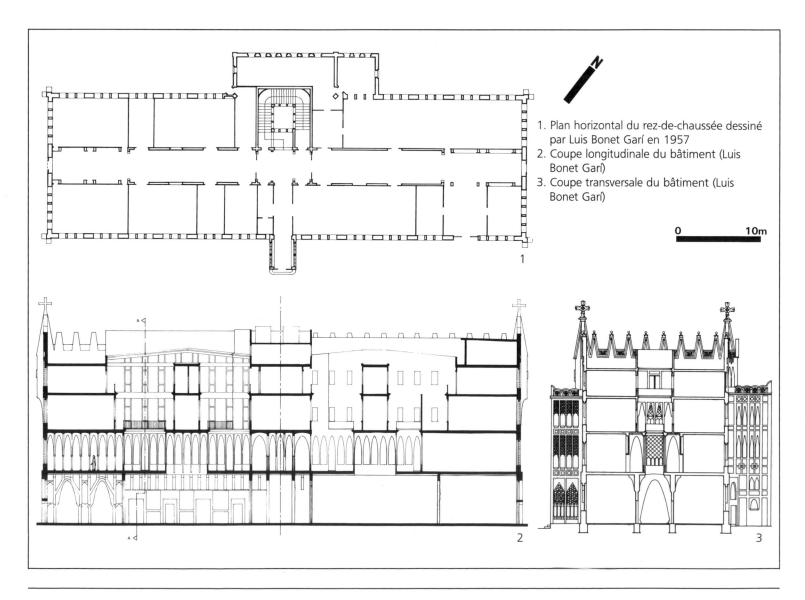

1. Plan horizontal du rez-de-chaussée dessiné par Luis Bonet Garí en 1957
2. Coupe longitudinale du bâtiment (Luis Bonet Garí)
3. Coupe transversale du bâtiment (Luis Bonet Garí)

0   10m

1

2   3

Un des nombreux symboles calligrammés par lesquels Gaudí faisait allusion à Jésus, la plupart du temps sur des grilles de fenêtres en fer forgé.

Arcs elliptiques construits en briques. A l'aide de matériaux extrêmement simples et d'une variation légère des mêmes formes de base, Gaudí a évoqué l'impression d'une sobriété spartiate en même temps qu'une grande complexité architectonique.

cours intérieures rectangulaires assurant l'éclairage des pièces internes. Aux étages supérieurs, ces cours intérieures s'élargissent. Normalement, une telle structure à l'intérieur d'un bâtiment aurait nécessité, sur toute la longueur, deux murs de soutènement qui existent effectivement au rez-de-chaussée. Pour les autres étages, Gaudí modifia la structure de soutien. Il construisit, à la place des murs de soutènement, de longs corridors constitués d'une rangée unique d'arcs elliptiques identiques et symétriques. Leur capacité de portée est suffisante pour l'étage supérieur. Gaudí réalisa, en cela, plusieurs objectifs: d'une part, il s'est passé de la construction de soutènement qui aurait été constituée d'un long mur monotone allégeant donc le bâtiment, assez lourd par ailleurs; d'autre part, il créa de spacieux corridors qui, de par la série d'arcs elliptiques, ressemblent à un chemin de croix. Ces arcs sont blanchis à la chaux et séparés par de nombreuses fenêtres donnant sur la cour intérieure. De cette manière, le corridor est très clair bien que la lumière n'y pénètre qu'obliquement; elle s'y répand régulièrement et confère à ce couloir une atmosphère paisible propice à la méditation contemplative. En même temps, cette forme dominante de l'arc fait allusion à l'art gothique, donc à l'époque même selon laquelle s'orientait l'ordre des Carmélites fondé par Sainte Thérèse. Gaudí a même fait de cette forme d'arc le seul élément stylistique de tout l'édifice. Les arcs en ogive se retrouvent partout dans l'ensemble du bâtiment. Tout l'étage supérieur de la façade extérieure est caractérisé par une série d'arcs en ogive de hauteurs variables. La tribune en saillie au-dessus de l'entrée qui introduit une rupture dans l'austère rectangle du plan horizontal, présente des fenêtres ogivales et de même, les fenêtres des autres étages rappellent des arcs en ogive. Cependant, Gaudí a contrebalancé cette forme essentiellement gothique: les volets, qui sont fermés la plupart du temps, reprennent la forme rectangulaire du plan horizontal. Même la tribune au-dessus de l'entrée est caractérisée, en premier lieu, par des formes rectangulaires.

Il a réalisé tout cela à l'aide de matériaux simples et surtout bon marché: de grandes pierres de taille alternent avec de grands segments de murs de briques. Pourtant l'objection de Osso était justifiée. Gaudí s'est permis dans un petit nombre d'endroits un certain luxe quand bien même en utilisant ces matériaux tout à fait bon marché. Par exemple, il termina, à l'étage supérieur, la façade par une crête de créneaux en briques qui rappelle également la forme gothique fondamentale. C'est ainsi qu'un gracieux ruban cranté s'élève sur l'horizon. Un autre luxe se retrouve dans l'utilisation de faux arcs en tuiles dans les grandes salles. Ceux-ci n'ont aucune fonction de soutènement mais confèrent aux salles un caractère cérémoniel, un peu médiéval. Sans cela, le bâtiment aurait probablement encore mieux correspondu aux idées fondamentales de l'ordre, mais les salles auraient été trop nues. Gaudí combine des pans de murs blanchis à la chaux avec des murs en briques rouges et réussit de cette façon une synthèse de mode de vie ascétique et de confort d'une simple rusticité. Selon l'austère point de vue de l'ordre, on ne pouvait lui reprocher que les colonnes de briques en forme de spirales qui rappellent un peu les coiffes de cheminées également spiralées sur le toit du palais Güell (et plus tard reviennent terminer les clochers de la Sagrada Familia). C'est la seule digression de frivolité ornementale qu'il se soit permise.

Pour cela, Gaudí a entièrement traité la thématique de l'ordre. Avec cette maison, Gaudí commence dorénavant à se consacrer de façon croissante à l'expression symbolique. C'est ainsi qu'il a placé sur les créneaux pointus du toit de petites toques d'universitaires, tirant par là son chapeau à l'esprit savant de Sainte Thérèse. Celles-ci furent assez vite (en 1936) ôtées des créneaux. Les armes de l'ordre sont représentées six fois, avec le plus de majesté sur la tribune du centre de la façade. Six fois également, on peut voir les initiales de Sainte Thérèse dans des grilles de fer forgé. A la démarcation des étages, une bande de briques court sur toute la longueur de la façade extérieure qui est réalisée en moellons bruts. Cette bande de briques comporte des plaques où l'on peut lire les initiales de Jésus. En tout, on rencontre ces initiales 127 fois en céramique et aussi 35 fois à l'intérieur des grilles en fer forgé. Il serait possible de s'étendre longtemps sur de telles énumérations. On ne pourrait voir dans ces références symboliques qu'un jeu; pourtant il faut remarquer que Gaudí dissimule ses allusions. Il faut observer le bâtiment avec minutie pour les découvrir. De cette manière, le bâtiment devient une espèce de mystère en soi; la «révélation» reste cachée. Il faut se plonger profondément dans les mystères du bâtiment qui devient en quelque sorte une manifestation de Sainte Thérèse : la maison religieuse de la mystique est en fait un petit mystère. Il est peu certain que tous les contemporains de Gaudí l'aient bien compris. Sinon on n'aurait pas enlevé, sans plus de façons, justement une partie des références symboliques, les toques d'universitaires (dans lesquelles on n'a probablement vu qu'une lubie de l'architecte qui était déjà connu pour son humour grotesque).

Colonnes spiralées dans la salle à manger du rez-de-chaussée (à gauche). Couloir et corridor principal au rez-de-chaussée (à droite).

Casa Calvet

1898-1900

Certes, Gaudí s'était fait une renommée de bâtis-
seur d'édifices prestigieux; pourtant, la plupart de
ses bâtiments sont étonnamment petits et ont souvent des fonctions bien prosaïques. La Casa Calvet
devait être à la fois un immeuble commercial et
une maison d'habitation. Peut-être peut-on voir là
la raison pour laquelle Gaudí fit preuve ici de tant
de retenue : la Casa Calvet (dans la Calle de Casp à
Barcelone) est son bâtiment le plus conventionnel.
La ville lui a donc aussi décerné un prix qui est resté
la seule marque de reconnaissance qu'il ait obte-
nue.Peut-être les autorités municipales se
réjouissaient-elles que Gaudí ne se soit pas permis,
en plein milieu d'un quartier chic barcelonien, les
lubies architectoniques de ses ouvrages précédents.
On y trouve pourtant quelques bizzareries : la tête
de trois saints regardant vers la rue avec provocation, des supports de poulies richement décorés et
une hauteur de bâtiment dépassant les limites
autorisées.

Ci-dessus: Encorbellement richement décoré sur la façade principale au-dessus de l'entrée principale.

Page 97: Façade de la Casa Calvet vue de la Calle de Casp.

Page 99: Arrière de la Casa Calvet. Alternance de balcons et de tribunes. Comme sur la façade, on peut admirer l'intention décorative de la répétition rythmique.

Page 100: Hall d'entrée avec escalier et ascenseur.

En 1898, Gaudí entama les travaux de construction du numéro 52 (actuellement n° 48) de la Calle de Casp à Barcelone, une maison d'habitation aux dimensions non négligeables. Ce n'était pas le premier essai du genre. Au début des années quatre-vingt-dix, il avait construit, dans le Léon, pour Don Mariano Andrés et Don Simón, un grand immeuble à usage locatif et commercial qui sur le plan de la fonction avait quelques analogies avec ce nouveau projet barcelonien: on trouvait des locaux commerciaux dans la partie inférieure et des appartements à partir du premier étage. Dans le Léon, il y avait deux grands appartements et quatre de moindre taille. Le bâtiment y est imposant par ses dimensions et fait moins l'impression d'un immeuble d'habitation que d'un palais. Cela est dû en partie au voisinage: tout près de cette Casa de los Botines se trouvait le palais des Guzmanes. Gaudí en tint un peu compte: il termina les côtés de son bâtiment par des encorbellements arrondis s'élevant tels des tours qui, du fait de leurs toits ronds et pointus, confèrent un certain charme à la toiture, sobre par ailleurs. De plus, dans le Léon, Gaudí pouvait construire une maison sans mitoyenneté (ce qui à la ville n'est pas évident) qui, des deux côtés, donne sur la Plaza de San Marcelo.

Dans la Calle de Casp à Barcelone, les conditions étaient nettement moins favorables. Gaudí devait intégrer le bâtiment dans une rangée continue d'immeubles déjà existants. Ceci constituait pour lui une nouvelle expérience car même pour la Casa Vicens qui devait se trouver sur une superficie à forte densité démographique, il put, par un habile aménagement du terrain à construire, créer un important espace libre qui fait paraître le plan de la maison plus grand et plus imposant qu'il n'est en réalité. Par comparaison, la Casa Calvet (du nom de son propriétaire, l'héritier du Pere Màrtir Calvet) suggère presque une impression de petitesse. Elle est resserrée latéralement par les deux maisons mitoyennes. Du fait de cette situation, Gaudí eut bien des difficultés avec les voisins. Les religieuses d'un couvent attenant firent opposition à la construction. Sur ce, Gaudí construisit un mur-écran dans la cour intérieure, montrant par là, une fois de plus, son esprit pratique. Ce mur arrête, pour ainsi dire, tous regards indiscrets et, grâce à une astucieuse construction de trous, laisse passer la lumière: les trous sont arqués à leur partie supérieure si bien que l'ensemble fait penser à une jalousie.

Malgré la restriction de ses mesures latérales, la maison devait remplir un bon nombre de fonctions. La cave et le rez-de-chaussée devaient, un peu comme dans le Léon, servir d'entrepôts et de commerces; les étages supérieurs devaient comporter huit appartements. Aussi, à la différence de ce qu'il fit dans le Léon, Gaudí construisit ici plutôt en hauteur qu'en largeur. Quatre étages s'élèvent au-dessus du rez-de-chaussée. Pour répondre à ces besoins, Gaudí traça un bâtiment qui est relativement simple, pour ses habitudes, et dont le plan horizontal est presque symétrique. Sur la cage d'escalier donnent deux cours intérieures de même grandeur, presque carrées; deux autres en forme de rectangles allongés se trouvent sur les côtés. Elles servent essentiellement à l'éclairage des appartements.

La Casa Calvet est, de toute l'œuvre de Gaudí, certainement sa maison la plus traditionnelle et on peut dire que sa structure globale est assez monotone. Que l'architecte eût à cause de ce bâtiment, un conflit avec les autorités tient presque de l'ironie: le faîte du frontispice est constitué par deux éléments de corniche aux élégantes lignes souples qui dépassent la hauteur maximale autorisée. Cela exprime, même dans ce bâtiment relativement

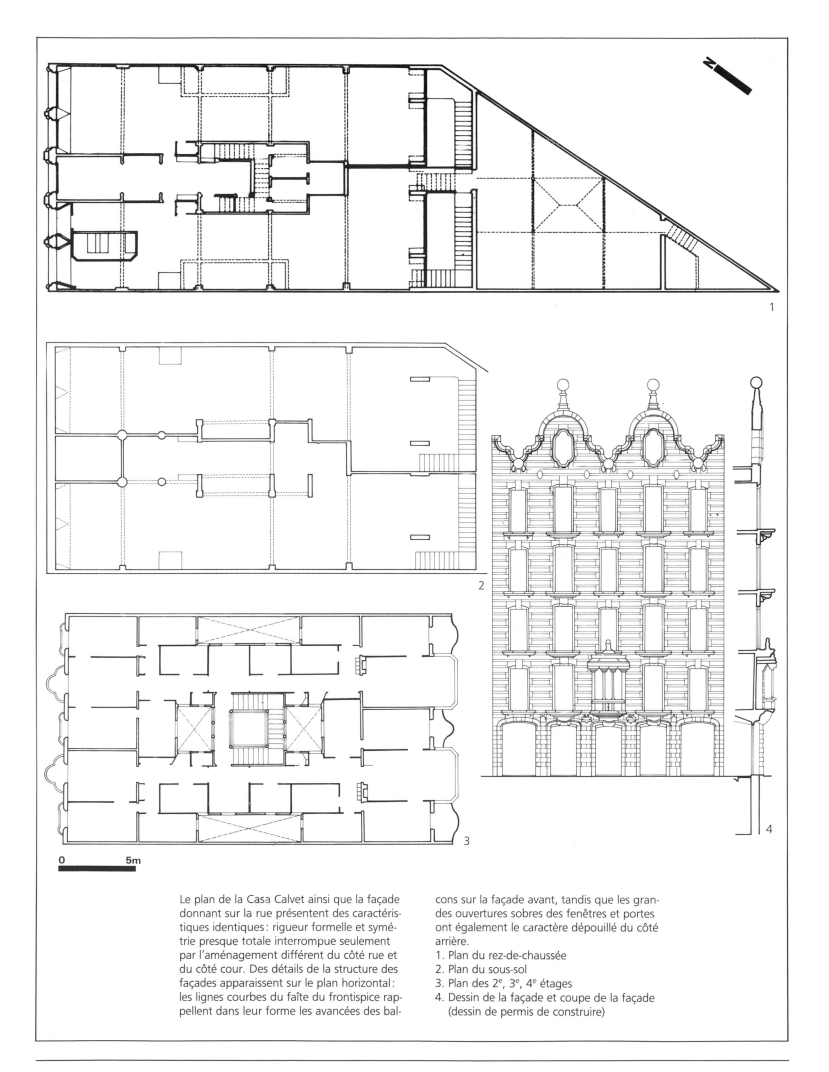

Le plan de la Casa Calvet ainsi que la façade donnant sur la rue présentent des caractéristiques identiques : rigueur formelle et symétrie presque totale interrompue seulement par l'aménagement différent du côté rue et du côté cour. Des détails de la structure des façades apparaissent sur le plan horizontal : les lignes courbes du faîte du frontispice rappellent dans leur forme les avancées des balcons sur la façade avant, tandis que les grandes ouvertures sobres des fenêtres et portes ont également le caractère dépouillé du côté arrière.

1. Plan du rez-de-chaussée
2. Plan du sous-sol
3. Plan des 2e, 3e, 4e étages
4. Dessin de la façade et coupe de la façade (dessin de permis de construire)

discret, une étincelle de l'humour architectonique de Gaudí ou bien son obstination constante, car on aurait très bien pu renoncer à cette ornementation qui n'est qu'un rajout purement décoratif de même que les tourelles sur la Casa Vicens ou bien la tour mauresque sans but fonctionnel de El Capricho. Le comportement de Gaudí dans le conflit fut aussi obstiné. Si lors de la protestation des religieuses, il avait trouvé une solution convaincante, il maintint sa position en face des autorités. Il menaça de tronquer tout simplement la façade exactement à la hauteur prescrite, et n'envisageait aucune modification. Il réussit à s'imposer, il couronna même le tout de deux croix donnant un élan ascendant, une certaine légèreté au bâtiment qui est tout simplement un rectangle. C'est même à cette partie supérieure qu'il appli-

Ci-dessus: Plafond du salon à motif fleuri: toute la maison est munie de ces plafonds de bois décoratifs.

Page 103: Gaudí décorait avec beaucoup d'art les murs. Des dessins à motifs fleuris dans l'esprit de l'Art Nouveau contrastent avec le sévère encadrement de pierre des fenêtres et portes; des carreaux d'un bleu lumineux s'opposent de façon saisissante aux austères fragments de murs de briques.

qua tout son zèle créateur. il y plaça les têtes de trois martyrs dont le regard plonge depuis le pignon vers la rue en bas. De plus, il trouva une utilité à ces pignons en y installant un dispositif de poulies extrêmement utile pour soulever les meubles.

Il est tout à fait conforme à l'originalité de Gaudí qu'il ait placé tous ces éléments à une hauteur qui empêche qu'ils soient visibles de la rue. Lorsque, pendant la durée des travaux, les Güell vinrent visiter le bâtiment, la femme de Güell demanda ce que c'étaient que les étranges petites «complications» qui se trouvaient en haut; Gaudí répondit avec son humour froid caractéristique que c'étaient des croix, en effet des complications et pour bien des gens des raisons d'irritation.

Si l'aménagement des façades est plus discret, il n'en est pas moins insigni-

fiant. Si on compare la Casa Calvet avec les bâtiment lisses et dépouillés qui l'entourent, elle paraît, et ce, pas seulement à cause du faîte du pignon, beaucoup plus grande. Cela peut-être dû aux nombreux balcons qui, du fait des saillies arrondies de leurs balustrades en fer forgé, donnent l'impression que la façade entière s'arrondit. Gaudí doit avoir bien souhaité provoquer cet effet car bien que la Casa Calvet soit pratiquement symétrique dans sa construction, il a réalisé des différences au niveau des balcons. Les balcons latéraux sont plus petits et aussi moins arrondis que les balcons centraux. De plus, il a construit au milieu, au-dessus de l'entrée principale, un gigantesque encorbellement presque baroque de facture. Ici aussi, il déploya amplement son penchant aux allusions symboliques qui devait se manifester avec le plus d'évidence dans la Sagrada Familia. L'entrée est décorée par les armes de la famille de même que par un cyprès, symbole de l'hospitalité.

La maison acquiert également du volume grâce à l'utilisation d'un matériau que jusqu'alors, Gaudí n'avait utilisé qu'en combinaison avec d'autres : la pierre brute. La surface irrégulière des grandes pierres de taille évite cette impression de plat qui aurait pu naître de la sobriété structurale de la façade. Ici aussi, il est utile d'établir une comparaison : La façade arrière aurait pu être d'une construction identique dans un bâtiment à la structure si symétrique. En principe, c'est le cas aussi. Pourtant, au lieu des saillies arrondies des balcons, on y trouve deux rangées de galeries vitrées (entourées de volets à deux battants par protection contre le soleil). Cela confère à la façade un aspect uni d'autant plus que les murs ne sont pas en pierres de taille brutes mais qu'ils sont revêtus de pierres lisses. C'est à de telles différences d'avec le style de l'ensemble que l'on reconnaît le grand maître du détail qui tenait compte

Page 104 : Banc et grand miroir dans le hall d'entrée. On remarquera le revêtement mural en carrelage bleu.

Pages 106/107 : Pour la Casa Calvet, Gaudí a dessiné un nombre plus important de meubles que pour le Palacio Güell. En ce qui concerne les sièges (page 107), on remarquera qu'il s'est inspiré des formes du corps.

Ci-dessous : Meubles de chêne sculptés avec art et cirés, dessinés par Gaudí.

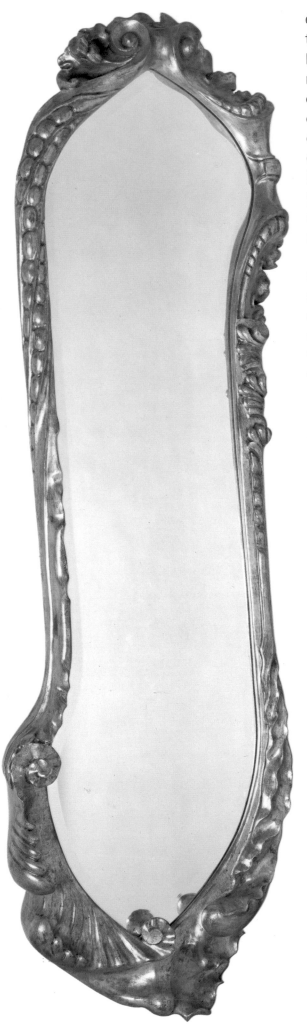

également des préférences de ses clients. Les martyrs sous la corniche l'illustrent bien : à côté de Saint Pierre, on trouve le patron du propriétaire, saint Père Màrtir, de même que le patron du lieu de naissance de Calvet (bien que cela ne soit pas visible de la rue). La prédilection de Gaudí pour les détails significatifs et symboliques se reconnaît également à la décoration relativement discrète de la façade frontale. Au premier étage, où réside le propriétaire, on trouve des motifs de champignons; or Calvet était un mycologue passionné. L'entrée est également munie d'une décoration symbolique. Près du cyprès ornant l'encorbellement se trouve un heurtoir dont le motif particulier suscite la surprise de l'invité. Ce marteau frappe le dos d'un pou symbolisant le mal. A chaque coup, l'invité punit, surmonte donc le mal avant de pénétrer dans la maison.

Dans l'aménagement intérieur, ce qui est frappant ce ne sont pas les éléments extraordinaires. Certes, les colonnes torses devant la cage d'escalier ont de fières allures mais, par comparaison, elles sont plutôt minces et discrètes et, même si elles en ont l'air, ne sont pas en vrai granit. Ce qui frappe, en revanche, c'est le mur carrelé dans la cage d'escalier dont le contraste est saisissant. Ses motifs d'un bleu lumineux, pleins de mouvement rappellent des illustrations de William Blake qui avait été l'un des précurseurs de l'Art Nouveau dont il avait fortement influencé le style de l'ornementation. Ce qu'il y a de plus impressionnant dans cette maison est moins la conception architectonique globale, quoique les deux petites cours intérieures constituent une innovation pour l'époque : Gaudí les a intégrées dans la structure de la maison en tant que pièces supplémentaires puisqu'il les a faites attenantes à la cage d'escalier. Le charme de la maison réside plutôt dans le «mobilier», ce terme devant être compris dans un sens très large. Il faut en effet compter au rang de mobilier les portes d'une conception remarquable qui font l'effet d'un pôle de tranquillité du fait de leurs surfaces marron foncé. Il faut également y mettre de petites choses telles que des judas de métal que Gaudí a dessinés lui-même en enfonçant son doigt dans du plâtre humide et en donnant au forgeron ce moule pour modèle.

Cette maison dégage encore une caractéristique des travaux antérieurs de Gaudí: comme cela avait déjà été le cas pour le palais Güell, Gaudí dessinait lui-même les meubles de la résidence principale de son client. Le propriétaire actuel est heureusement soucieux de conserver non seulement à la maison mais justement aussi à ce mobilier son aspect initial. Les meubles de Gaudí portent, de la façon la plus nette, la marque de l'Art Nouveau. En concevant les meubles, Gaudí a suivi le caractère fondamental de la maison qui est sobre dans l'ensemble mais fantaisiste et significatif dans le détail. Par comparaison avec les meubles généreusement décorés et tarabiscotés du palais Güell, les sièges et dossiers paraissent plutôt réduits. Parfois les accoudoirs sont tronqués, les pieds accusent d'élégantes courbes. Souvent, on est surpris de voir de grandes surfaces pratiquement sans décoration qui, pourtant, ondoyant agréablement, paraissent organiques bien qu'elles ne révèlent aucune analogie avec le monde animal ou végétal.

Les meubles reflètent donc les caractéristiques essentielles de cette maison : l'interpénétration de la sobriété et de l'exubérance de formes baroques, celles-ci ne dominant cependant nulle part.

La crypte Colònia Güell

1898-1917

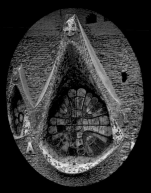

Ce devait être une église. Il en existe un croquis de
la main de Gaudí (cf. illustration de la page de
droite) mais ce dessin ne révèle guère de détails.
Gaudí se fiait aux illuminations qui lui venaient au
cours des travaux. De telles idées il n'en avait que
trop — ce qui constitue une des raisons pour lesquelles ce n'est pas lui qui mit la dernière main à la
plupart de ses travaux. En tout cas, la crypte resta à
ce point inachevée que c'est seulement à l'aide du
croquis que l'on peut se faire une vague idée de la
façon dont Gaudí s'était imaginé cet édifice grandiose. Des ressemblances avec l'œuvre de sa vie, la
Sagrada Familia, sont indéniables. En tout cas
aujourd'hui sur le chantier — au beau milieu de la
cité ouvrière Santa Coloma de Cervelló qu'Eusebi
Güell avait fondée en 1898 — on ne peut voir que
la partie habituellement cachée dans une église : la
crypte. Mais ce fragment déjà est tellement génial
qu'on peut le classer parmi les chefs-d'œuvre de
Gaudí.

Ci-dessus: Photographie datant de 1913, prise durant les travaux.

A droite: Plan de l'emplacement de la Colònia Güell.

Le temps que nécessitait Gaudí pour la conception et la réalisation de ses bâtiments s'allongeait continuellement et de plus en plus, il s'éloignait des usages d'un architecte et ce, pas seulement d'un point de vue stylistique. Depuis le début du siècle, ses ouvrages font figure d'étapes dans une pensée en évolution constante. C'est le début de cette évolution que représente la crypte, seule partie du plan d'une grande église à avoir été réalisée. Pour cette raison déjà, il faut la considérer en référence avec ce grand projet qui a monopolisé de plus en plus le temps et l'énergie de Gaudí: la construction de la Sagrada Familia qui se met alors à progresser à grands pas.

Güell, l'ami de Gaudí, avait fondé, en 1898, une fabrique textile ainsi qu'une cité ouvrière directement attenante à ce lieu de travail. Elle était située au sud de Barcelone, à Santa Coloma de Cervelló. Cela explique que la contribution de Gaudí à cette cité soit mentionnée dans la critique d'art sous une grande diversité d'appellations: elle apparaît sous le nom de crypte de la Colònia Güell, église de Santa Coloma — désignation d'un optimisme quelque peu euphorique, car il n'existe de cette église que la partie inférieure, la base d'un infime fragment de l'ensemble du bâtiment — ou bien encore sous le nom de chapelle Güell, église Güell ou bien tout simplement Santa Coloma, ce qui pourrait éventuellement provoquer quelques confusions.

En effet, c'est bien une église qui était prévue; un dessin de Gaudí donne une idée vague, sans plus, de ce qu'elle devait être. Comme pour la Sagrada Familia, les croquis de Gaudí livrent plutôt une impression, une atmosphère. Et pourtant, ce dessin est digne d'intérêt, moins à cause de l'église prévue dans la colonie que par ses signes précurseurs de ce qui sera la style de la Sagrada Familia. C'est ainsi que sur ce dessin, l'église est couronnée de toute une série de clochers qui devaient être réalisés ultérieurement dans la Sagrada Familia avec seulement plus de finesse et de hauteur. On y trouve ces arcs elliptiques qui avaient fait leur première apparition dans la salle de réception du palais Güell. La partie inférieure de l'église marque une ligne ondoyante au cours horizontal comme celle que l'on retrouve sur le toit de l'école paroissiale de la Sagrada Familia. Par ailleurs, elle trouve un pendant

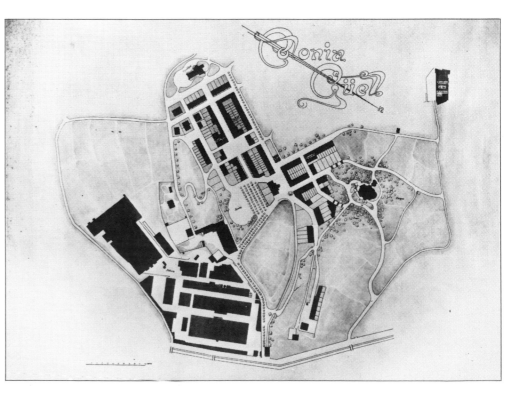

Pages 112/113: Vue générale de la zone
d'accès à la crypte. Le portique devant la
crypte a des allures de grotte naturelle.

dans le banc qui serpente à travers le parc Güell. Le troisième élément précurseur dans cette église en est la base reposant sur une série de colonnes obliques; ces dernières réapparaissent également dans le parc Güell qui a été créé à peu près au même moment que la crypte. Ces deux créations architectoniques se situent au même moment de l'évolution de l'œuvre de Gaudí.

Cependant, il est actuellement impossible de se représenter l'église qui devait s'élever au-dessus de la crypte existante. La crypte se blottit contre la partie supérieure d'une petite colline plantée de pins de sorte qu'on ne peut y avoir accès par l'arrière. Devant la crypte se trouve un porche soutenu par des colonnes. Il est difficile de s'imaginer que ces deux parties aient pu représenter la base d'une grande église. Mais on sait bien que Gaudí ne ménageait jamais les surprises. La plupart du temps ce n'est qu'à posteriori, lorsque le bâtiment était achevé, qu'on saisissait la façon dont les différentes parties s'ajustaient en un ensemble autant sur le plan stylistique que technique. Aussi est-ce bien regrettable que la construction de l'église n'ait pas été plus poussée ni qu'on en ait pas fait, comme pour la Sagrada Familia, un moule en plâtre qui, au moins, des décennies après la mort de Gaudí fournissent suffisamment d'indices permettant de poursuivre les travaux.

Gaudí a dû aussi recourir à une maquette pour la construction de la crypte. Mais il ne s'agissait pas d'une maquette du bâtiment complet, il s'agissait seulement d'une maquette en vue des calculs de statique. Gaudí travailla à cette petite crypte pendant plus de dix ans — un temps considérable qui

Grotte près du portique. Des arcs en plein cintre rendus anguleux se ramifient diversement à partir des colonnes de soutènement.

n'est justifiable que si on interprète les études comme des réflexions préliminaires à la grande entreprise de la Sagrada Familia. En effet, la crypte constitue une sorte de champs d'expérimentation pour l'expert en statique qu'est Gaudí. Il a pu ici laisser mûrir les deux éléments de base de ses études : l'arc elliptique déjà mentionné et les piliers obliques. Avec ses assistants et collègues, Gaudí élabora une maquette, à partir de laquelle, il put étudier les différentes forces de pression que devraient supporter les arcs et les piliers : il accrocha à des fils de petits sacs remplis de plombs d'un poids correspondant à celui qui, selon ses attentes, pèserait sur les arcs et les piliers (le rapport étant de un dix-millième). Les fils s'ordonnèrent donc en un échaffaudage statique, qui, il est vrai, se trouvait tête en bas. Si on retourne la photographie de cette maquette, on obtient la structure du bâtiment à construire. Gaudí n'inventait donc pas seulement devant sa planche à dessin, il étudiait les forces statiques en observant, si ce n'est la nature, du moins un modèle inventé de la nature.

De cela, on ne remarque rien en visitant la crypte. Ce que Gaudí étudia là, n'en était que le squelette. Mais dans le bâtiment terminé on voit les résultats auxquels aboutit ce squelette. Ce qui surtout saute aux yeux, ce sont les colonnes. Gaudí a utilisé son matériau habituel — des briques, en partie aussi des briques arrondies qu'il fit produire exprès pour lui. Il ajouta à ces briques du balsate dont il intégra de grands morceaux dans les colonnes. Il mit entre ces gros blocs grossièrement taillés des joints de plomb. Quand on s'approche len-

tement du centre de la crypte, on rentre instinctivement la tête entre les épaules. L'inclinaison des grosses colonnes est telle qu'on ne peut s'empêcher de penser que tout va nécessairement s'écrouler et ce, de façon imminente. Contrairement à ses habitudes par ailleurs, Gaudí n'a pas, pour les colonnes de soutènement centrales, utilisé la brique, mais de grands blocs monolithiques de balsate. Peut-être a-t-il choisi cela pour ne pas renforcer l'impression de fragilité que la voûte suscite de toutes façons.

Néanmoins, le chœur ne constitue pas une véritable voûte. Gaudí a plutôt, un peu comme à Bellesguard, réalisé le plafond à l'aide d'une multitude d'arcs reliés par des murs de briques. Cela allège la salle par le haut; le plafond ne paraît pas peser autant sur les piliers. Les colonnes claires de balsate et les colonnes de briques crépies dans le tiers inférieur soulignent cette impression. Le tout ressemble moins à une construction humaine qu'à une grotte dont la structure du plafond aurait été taillée. C'est donc ce qui provoque l'impression qu'on se trouve sous une grosse voûte. Dans ce bâtiment aucun élément n'est identique à un autre. Aucune colonne ne ressemble à une autre, de même que, dans la nature, il n'y a pas deux troncs d'arbres qui se ressemblent. D'une manière générale, on peut dire que la crypte et le parc Güell créés au même moment sont les ouvrages de Gaudí qui sont le plus proches de la nature sur le plan architectural, même si ce ne sont aucunement des tentatives d'imitation de la nature. Il n'a fait que recourir à des éléments qu'il trouvait en elle, surtout aussi à des éléments de construction. On voit combien il faisait attention à la nature — si on regarde l'escalier qui mène à la crypte (et qui à vrai dire devait mener à l'entrée de l'église). A cet endroit se trouvait un très vieux pin que d'autres architectes auraient fait abattre sans façons. Gaudí cependant le respecta; son

Page 116: Clef de voûte dans le portique. La scie et l'anagramme symbolisent le charpentier et font allusion à Saint Joseph.

Page 118: Intérieur de la crypte. Le plafond repose sur des colonnes de balsate et de briques.

Ci-dessous: Férie des couleurs de la mosaïque au-dessus de l'entrée de la crypte.

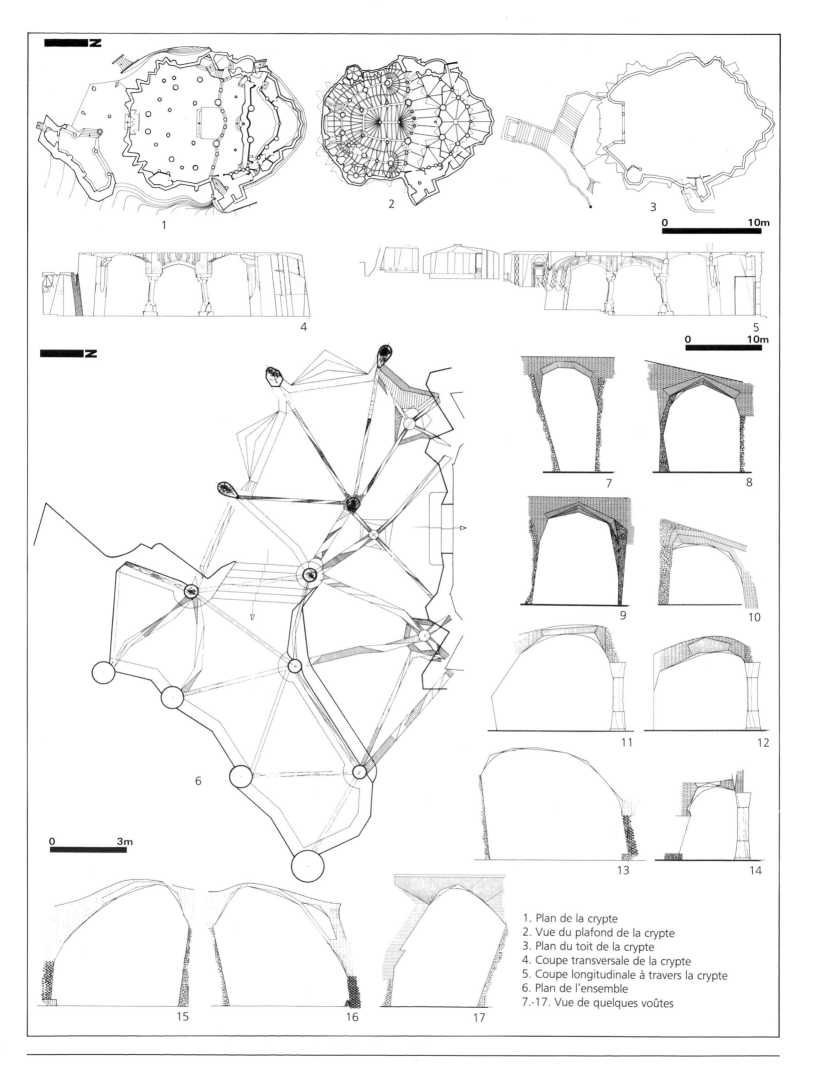

1. Plan de la crypte
2. Vue du plafond de la crypte
3. Plan du toit de la crypte
4. Coupe transversale de la crypte
5. Coupe longitudinale à travers la crypte
6. Plan de l'ensemble
7.-17. Vue de quelques voûtes

Chapiteau des colonnes obliques et entretoises en briques (à gauche). Partie supérieure des colonnes de soutènement et nervures du plafond (à droite).

escalier le contourna tout simplement. Il disait qu'il n'était pas long de construire un escalier tandis qu'un arbre avait besoin de beaucoup plus de temps pour pousser. L'escalier résultant montait selon une sinuosité irrégulière, qui donne l'impression de vouloir contourner la crypte, accentue le caractère naturel de l'ensemble du bâtiment.

Le véritable chœur qui canalise le regard sur le centre sacré (le faisceau des arcs en briques se réunit en un point au-dessus de l'autel) est entouré d'un couloir en U qui, à vrai dire, contraste avec le caractère de la crypte. Ici le regard du visiteur est capté par un véritable fourré de colonnes; contrairement au plan de la nef principale de la Sagrada Familia, dont les colonnes donnent l'impression d'une forêt, la crypte Colònia Güell est imprégnée, de par son irrégularité, de primitive naïveté. Les colonnes se ramifient surtout vers le haut, faisant apparaître un filet de lignes. Cette colonnade qui constitue le parvis de la crypte à proprement parler donne l'impression d'une préparation progressive à la construction de l'église. Les colonnes reflètent la structure d'une pinède, constituent une lente transition entre nature et architecture. Les principes architecturaux de la colonnade sont analogues à ceux de la crypte; pourtant, ils apparaissent ici de façon plus marquante. Cette colonnade se constitue au sens strict uniquement d'arcs elliptiques recouverts (hyperboliques) et de murs voire de colonnes obliques. Celles-ci suffisent à elles seules pour supporter la voûte qui, de plus, sert de base à l'escalier menant à l'église principale. De même que dans le plafond du «temple grec» du parc Güell qui est à la fois la base de la terrasse de la place du marché, ici les fonctions de toit et de plancher sont unies. Par

là Gaudí a réalisé une synthèse de la portée et de la pression qui atteindra sa perfection dans la Sagrada Familia.

En même temps, il réussit dans la construction de cette crypte une synthèse idéale entre l'aspect naturel de l'extérieur et une décoration de mosaïque par son collègue Jujol qui avait aussi réalisé, avec certes bien plus d'éclat, les mosaïques du parc. Ici aussi les similitudes avec la Sagrada Familia sont évidentes : à deux reprises, on trouve dans les mosaïques, une dédicace à Joseph, le patron de la Sagrada Familia.

L'église de la Colònia Güell est restée inachevée. La crypte avec son portique est restée fragmentaire. Et pourtant ici Gaudí a réalisé un ensemble parfait. Le bâtiment sombre, aux couleurs naturelles se blottit contre la colline et constitue en quelque sorte une deuxième hauteur artificielle. Cela se voit jusque dans les détails, comme les fenêtres qui sont aussi colorées que celles de Bellesguard mais n'ont plus la moindre ressemblance avec les formes de l'Art Nouveau. Dans la crypte, les fenêtres ont des formes tout à fait inspirées de la nature : elles ressemblent à des gouttes tombantes réfractant la lumière. Si la crypte ne devait être que la première, la toute petite partie d'un grand édifice religieux, elle est cependant un petit chef-d'œuvre d'architectonie.

Ci-dessus : Colonnes de soutènement et plafond à l'intérieur de la crypte (à gauche). Piliers de balsate obliques (à droite).

Pages 122/123 : Murs externes de la crypte avec fenêtres. Les grilles devant les fenêtres ont été confectionnées à l'aide d'aiguilles à tissage de la fabrique de la Colònia Güell mises au rebut.

Pages 124/125 : Vitraux vus de l'intérieur de la crypte (en haut). Vue sur les vitraux de l'extérieur (en bas).

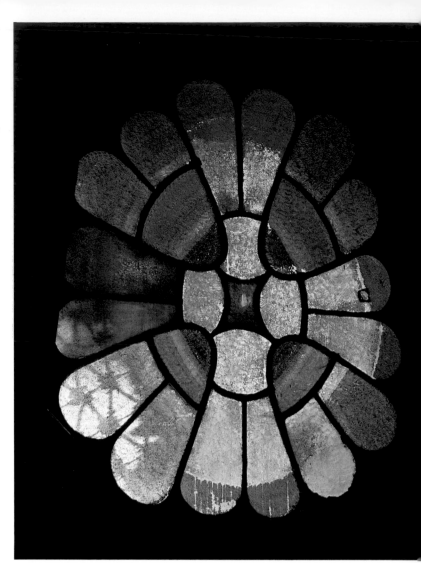
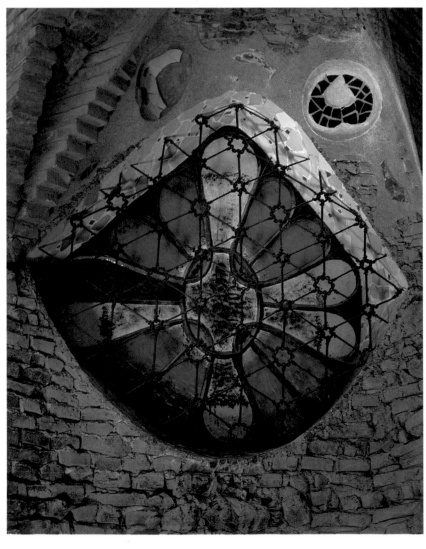

Bellesguard
1900-1909

Gaudí était foncièrement catalan. Sur presque tous ses bâtiments, on trouve de petites allusions à ses sentiments nationalistes. En 1900, il entama une construction qui devint le symbole de la Catalogne, un rêve de grandeur passée qui remontait au lointain Moyen Âge. Gaudí a édifié pour Doña María Sagués une maison de campagne qui aurait été digne d'un comte du Moyen Âge. Un portail fastueux, des créneaux pointus et une tour toute droite lui donnent un air de souvenir de temps anciens. Mais outre le style architectural, le terrain sur lequel ce bâtiment est construit rappelle les temps glorieux de la Catalogne. Autrefois, c'était l'emplacement d'une somptueuse maison de campagne, celle de Martí 1er, le dernier roi de Barcelone. Gaudí a respecté les quelques ruines de cet ancien manoir, un mémorial pour les Catalans.

Page 127: Vue d'ensemble de la maison Bellesguard (ce qui signifie, à peu de choses près, «Belle vue»). Cette maison d'été pour Maria Sagués a les allures d'un château médiéval version miniature.

Dans les combles (ci-dessous) Gaudí a réalisé les majestueuses voûtes en briques. A l'étage principal (tout en bas) il les a crépies en blanc.

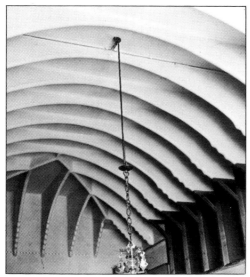

L'origine catalane et le patriotisme catalan de Gaudí se révèlent dans beaucoup de ses ouvrages. Ce n'est pas sans raisons que son ami Joaquim Torres García l'a appelé «le plus catalan de tous les Catalans». Dans ses maisons (comme la Casa Calvet et la Casa Milà) réapparaissent régulièrement les mots «Fe, Patria, Amor», la devise du tournoi littéraire catalan Jocs Floral. On trouve ainsi, en tout lieu, le drapeau de la Catalogne avec ses rayures jaunes et rouges ainsi que la tête de serpent des armes catalanes (comme sur le large plateau de mosaïque au bout du grand escalier d'accès au parc Güell). En 1907, Gaudí proposa de construire un monument en forme de cadran solaire à l'occasion du 700e anniversaire du roi Jaume Ier. De même il voulait rendre hommage au philosophe catalan Jaume Balmes en effectuant d'importants travaux lors de son centenaire, en 1910. Ces deux projets patriotiques ne furent pas réalisés, il n'était pas question d'attendre du gouvernement une opinion aussi populaire et nationaliste. Gaudí ne put construire que deux gigantesques réverbères en l'honneur de Balmes. Ils furent supprimés dès 1924. Mais Gaudí n'avait de toutes façons guère de chances auprès des institutions publiques. C'est en premier lieu pour des particuliers qu'il a réalisé ses projets et ses rêves. C'est ainsi que le blason catalan se trouve toujours dans le palais Güell.

Mais l'entreprise qui porte le plus la marque de son patriotisme est la maison Bellesguard construite entre 1900 et 1909. Elle est née à une époque où Gaudí était depuis longtemps passé de ses tâtonnements de début de carrière à une architecture originale sans toutefois être déjà l'architecte mûri, tout à fait sûr de lui que l'on découvre dans le palais Güell.

D'un point de vue purement architectonique, la maison est un ouvrage d'époque transitoire. On y trouve d'anciens éléments d'art gothique; le plan est, comme dans la Casa Calvet, relativement simple. Dans l'ensemble de l'œuvre de Gaudí, la maison a une place particulière. Il y manque les réminiscences de l'architecture mauresque, il y manque l'élégance des courbes de ses adaptations de l'Art Nouveau, il y manque surtout la couleur qu'il a appliquée au même moment avec une telle prolixité dans le parc Güell et à laquelle il devait rester fidèle jusque dans les sommets des clochers de la Sagrada Familia. Si Bellesguard n'est pas non plus une maison présentant une unité de style — jamais cela ne se rencontre chez Gaudí — elle fait l'effet d'un souvenir des siècles antérieurs. Elle se dresse, monolithique, dans le paysage. Pour une bonne part, cette impression est provoquée par le plan horizontal qui est pratiquement carré.

Si, sur le sommet de la tour ne se trouvait pas, bien visible, la croix horizontale qui est presque devenue la marque distinctive des bâtiments de Gaudí — on la rencontre également sur le pavillon situé à l'entrée du parc Güell — on pourrait croire voir de loin un reste du Moyen Âge. Cette impression n'est pas si éloignée des intentions de Gaudí. Il faisait consciemment allusion au Moyen Âge à travers ce bâtiment. Cette maison ne représente certes pas un exemple de l'architecture nouvelle, avant-gardiste de Gaudí; c'est plutôt une sorte de monument commémoratif de la grandeur passée de la Catalogne. Dans la création de cette maison, Gaudí s'est laissé largement inspirer et guider par l'emplacement. Cela va tout à fait dans le sens des tendances de ses autres réalisations cette année-là. Dans le parc Güell, il subordonne le plan d'ensemble aux données naturelles du lieu. Pour Bellesguard c'est le passé historique de l'endroit qui est à l'origine du bâtiment. Doña María Sagués, veuve Figueras qui admirait l'architecte depuis longtemps, commanda en 1900 à celui-ci la construction d'un bâtiment devant faire revivre la signification historique de l'endroit: Marti 1er, le dernier roi de la dynastie barcelonienne qui portait le surnom de «l'humain» y avait fait construire une maison de campagne. C'est de lui que vient le nom «Bellesguard» («Bellevue») que la maison porte d'ailleurs tout à fait de façon justifiée: elle est située à mi-hauteur en face de Barcelone et jouit d'un panorama magnifique sur la ville. Depuis l'époque de Marti 1er, la Castille avait pris en main le destin de l'Espagne, la période de gloire de la Catalogne était finie.

La maison de Gaudí recourt de façon évidente à des éléments moyenâgeux. On y retrouve l'arc gothique en ogive duquel, à vrai dire, il s'était déjà détourné. Le bâtiment imposant est surmonté à un coin d'une tour pointue tout à fait dans le style de l'architecture des palais médiévaux (quoique non gothiques).

Pages 130/131: Hall d'entrée et cage d'escalier (à gauche). Event du hall d'entrée et vitrail sur un palier (à droite).

Ci-dessous: Entrée principale de Bellesguard. Porte en fer forgé.

Les fenêtres presque en forme d'ogives rappellent les influences néogothiques. Gaudí a adouci le caractère pointu en y intégrant des éléments de courbes.

Néanmoins, ce ne sont pas de véritables «citations» mais tout au plus des éléments vaguement imités. Aussi l'attention se trouve-t-elle constamment détournée des fenêtres à la mode gothique au profit des grandes croix que Gaudí fit placer en dessous des rebords et qui rappellent la croix qui couronne le sommet de la tour.

On retrouve encore une réminiscence du Moyen Âge dans le dessin rigoureux des façades dont le faîte rappelle des éléments de créneaux défensifs faisant le tour du toit. On peut voir dans cet édifice un monument à la mémoire de l'apogée de la Catalogne que Gaudí n'a pas réussi à imposer dans l'espace public de Barcelone. C'est ainsi que l'on peut voir également à droite et à gauche de l'entrée principale une allusion symbolique à l'histoire: deux poissons y sont intégrés dans un bleu lumineux; au-dessus se trouvent deux couronnes jaunes — référence à la grande puissance maritime que Barcelone fut un certain temps (le «Conseil des Cent» réuni par Jaume Ier, décréta dès 1259 le «Consolat de Mar», le premier droit maritime d'esprit moderne qui servit bien de modèle à plusieurs états méditerranéens pour des rédactions analogues). Le portail d'entrée en fer forgé, tel qu'il est de nos jours, ne correspond néanmoins pas aux intentions de Gaudí. Il avait dessiné un portail en bois qui convenait mieux à l'austère structure d'ensemble du château. Néanmoins le portail de fer est adapté au style de la maison. Il y manque les élégantes fioritures que Gaudí appliqua aux autres bâtiments. Par là, le dessin de la porte correspond tout à fait aux grilles des fenêtres esquissées par Gaudí qui semblent rigides et revêches par leurs barres de fer arrondies (par contraste avec les bandes de fer plat préférées d'habitude).

L'histoire du lieu a été également respectée à l'extérieur du bâtiment. Antoni Gaudí a conservé les restes de l'ancienne maison de campagne et les a même reliés à la nouvelle maison par un jardin commun. Pour réaliser ce plan, il a déplacé le chemin du cimetière qui passait entre les ruines des deux tours. Pour le chemin, il construisit — un peu comme dans le parc Güell — une colonnade à colonnes légèrement obliques.

Malgré sa forme austèrement carrée, l'édifice s'insère parfaitement dans le paysage. Gaudí combina ses briques de prédilection avec le schiste existant dans la région conférant au bâtiment un caractère sombre avec un magnifique mélange de couleurs allant du brun ocre au bleu noirâtre. Cette impression sombre se retrouve également aux étages inférieurs. De grosses colonnes s'élargissant vers le haut et qui, de ce fait, paraissent un peu coincées et courtes soutiennent les voûtes en briques. Cela se répète à l'étage mansardé, pourtant le grand hall y baigne dans la lumière grâce aux grandes échancrures des fenêtres. Les arcs de voûtes puissants construits en briques brunâtres non vernies (autrement dit naturelles) en ont presque un effet ornemental malgré la pierre non crépie que préférait Antoni Gaudí dans son architecture «honnête» qui dissimulait le moins possible de choses.

Les étages supérieurs de ce bâtiment baignent dans une clarté extraordinaire qu'on est bien loin de soupçonner lorsqu'on regarde le bâtiment de l'extérieur. Gaudí a réalisé cela grâce à un grand nombre de fenêtres et surtout grâce à un élément que, jusqu'ici, il avait rarement utilisé: le crépi en plâtre blanc des murs. Bellesguard est par là un signe précurseur des édifices futurs dans lesquels la lumière devait jouer un rôle sans cesse croissant. Le crépi de plâtre a une autre fonction: il atténue la rigueur de la structure des pièces; les murs s'adoucissent, les angles s'arrondissent. On a ici en germe la structure ondoyante de la Casa Milà. C'est ainsi que ce bâtiment paraissant si simple se

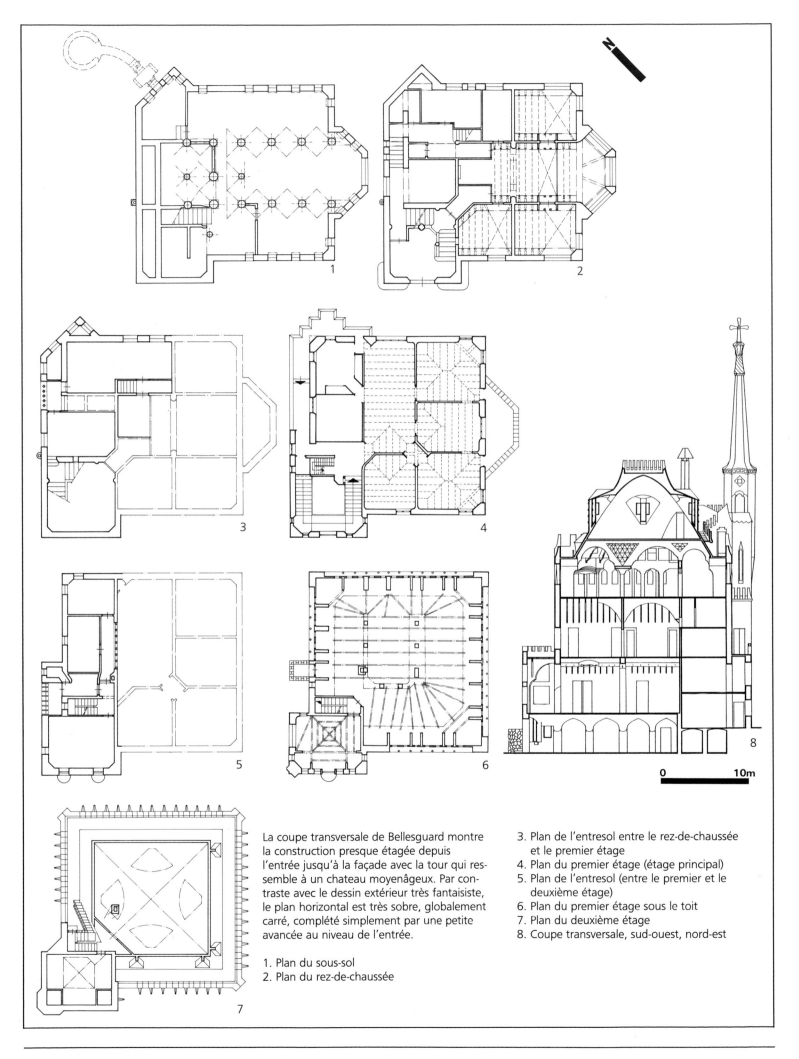

La coupe transversale de Bellesguard montre la construction presque étagée depuis l'entrée jusqu'à la façade avec la tour qui ressemble à un chateau moyenâgeux. Par contraste avec le dessin extérieur très fantaisiste, le plan horizontal est très sobre, globalement carré, complété simplement par une petite avancée au niveau de l'entrée.

1. Plan du sous-sol
2. Plan du rez-de-chaussée

3. Plan de l'entresol entre le rez-de-chaussée et le premier étage
4. Plan du premier étage (étage principal)
5. Plan de l'entresol (entre le premier et le deuxième étage)
6. Plan du premier étage sous le toit
7. Plan du deuxième étage
8. Coupe transversale, sud-ouest, nord-est

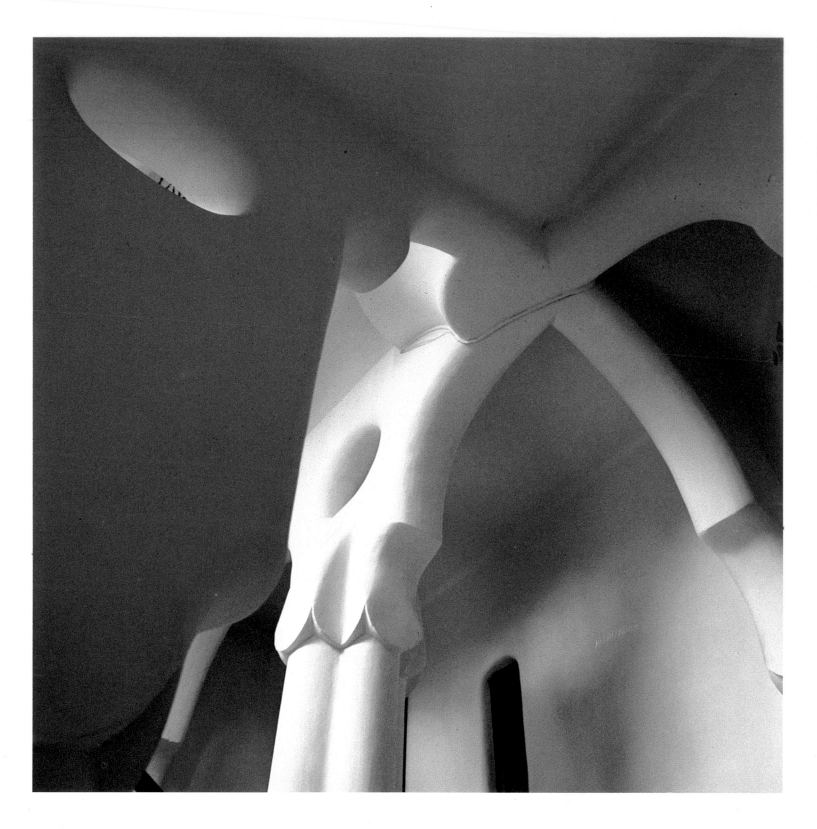

Partie supérieure des colonnes dans l'évent. Le design lisse depuis les chapiteaux des colonnes jusqu'au plafond accroche la lumière naturelle et la répartit dans la pièce.

révèle être un exemple complexe de contrastes. On s'en rend compte également si on compare le plan horizontal et le plan de profil. Le plan horizontal est pratiquement carré; il n'y a que le portail d'entrée qui soit légèrement en saillie. Il est surmonté de la tour (qui rappelle aussi les armes de la Catalogne). Le plan de profil est tout à fait différent. Le bâtiment paraît s'élever graduellement. On y distingue une structure à trois niveaux jusqu'à la tour couronnant le tout ce qui confère une certaine élégance au château.

Si on ne considère ni le sous-sol ni la grande salle du premier étage sous le toit qui paraît extrêmement compliquée mais qui, en fait, relève uniquement du principe de Gaudí des arcs de soutènement, ce château fort qui paraît de l'extérieur tellement provocateur a, à l'intérieur, les apparences d'une élégante

villa dans le plus bel Art Nouveau. Les murs et les colonnes de plâtre blancs dont les lignes mouvantes se subdivisent souvent diversement et paraissent se prolonger dans d'autres pièces ou étages, accrochent justement la lumière, l'intensifient et la reflètent; l'ombre et la lumière s'accordent dans un jeu ornemental. Rien n'arrête le regard qui glisse sur les lignes et les surfaces et il ne vient même pas à l'esprit de se poser des questions quant à la structure. A ces étages crépis de blanc, la maison ressemble à une pièce unique aux innombrables coins et recoins. Pourtant, ici aussi, Gaudí évite l'unité de style même s'il s'agit de son style personnel. Pour des parois minces, il a utilisé des barres de fer comme éléments de soutènement. Honnête comme il l'est, il ne les a aucunement camouflées bien que cela eût été facile. C'est ainsi que même ces piè-

L'étoile à huit branches, saillissant vers l'extérieur, au milieu de la grande rosace est censée symboliser Vénus la déesse de l'amour

ces si harmonieuses cachent continuellement des surprises, des pierres où l'on «trébuche» et au rang desquelles on doit classer également des éléments aussi gracieux que les fenêtres à petits carreaux, à travers lesquelles Gaudí fait d'espiègles allusions à des vitraux d'églises. Néanmoins, il les intègre dans de plus grands complexes rappelant les fenêtres de l'Art Nouveau et y cache en même temps des allusions symboliques — comme celle de Vénus, la déesse de l'amour. Gaudí a associé, à ces fenêtres de l'Art Nouveau d'origine étrangère des murs carrelés dans le style régional. Tout à proximité, des fenêtres, austèrement encadrées de bois sombre et terminées vers le haut en pointe à la mode gothique, offrent un contraste saisissant — preuve de plus que Gaudí ne fait plus que jouer avec les éléments de style historique, qu'il crée un collage à partir des éléments architecturaux les plus différents. Ce faisant, il ne crée pas du tout l'impression de rafistolage. Le collage devient plutôt chez lui — comme également plus tard chez les surréalistes — une nouvelle unité, qui, vue en tant qu'ensemble, fonde un nouveau style.

Aussi l'étrange toit en forme de pyramide ne constitue-t-il pas une rupture de style malgré la robustesse de son dessin. Lorsqu'après avoir traversé les espaces intérieurs qui semblent d'une légèreté aérienne, on monte et sort sur le toit, on a plutôt l'impression d'avoir affaire à une sorte de couronnement espiègle du bâtiment. Par le biais d'innombrables petites fenêtres en encorbellement comiquement pointues, mais surtout par le biais de la «mosaïque» de la surface du toit, Gaudí a évité toute impression de lourdeur compacte qui, à vrai dire, est la caractéristique principale de ce bâtiment. La «mosaïque» de la surface du toit n'est certes composée que de pierres naturelles, mais paraît extraordinairement variée et vivante, étant donné que Gaudí a utilisé les formes de pierres les plus différentes. De plus, le toit s'harmonise parfaitement à la couleur du paysage. Seule la vue des créneaux de la galerie qui fait le tour du toit ramène à cette époque que Gaudí voulait rappeler dans son «Belle Vue»: le Moyen Âge au cours duquel, en 1409, le roi Marti 1er épousa Magarida de Prades. Ce n'est pas un hasard si le fier Catalan qu'était Gaudí acheva les travaux exactement 500 ans après cet événement, même s'il ne les mena pas tout à fait jusqu'au bout. Bellesguard fait partie de cette longue série de bâtiments de Gaudí qui restèrent inachevés; ce n'est qu'en 1917 que Domènec Sugrañes le termina.

Ci-dessus: Les créneaux qui s'étirent tels un ruban autour du toit rappellent les édifices moyenâgeux.

Page 136: Intérieur du premier étage sous le toit (deuxième étage). Au-dessus de cette pièce se trouve une autre mansarde

Park Güell

1900-1914

De petites pinèdes touffues, de grandioses allées
bordées de palmiers, de nos jours cette étendue au
nord-ouest de Barcelone est réellement ce que son
nom laisse supposer : un parc. La grande place
entourée d'arbres est un lieu de rencontre pour
retraités ou amoureux. Le gigantesque banc multicolore serpentant à travers tout le parc offre suffisamment de possibilités pour de petites conversations ou pour des tête-à-tête. Lorsque Gaudí a commencé son travail, il n'y avait là pas la moindre
trace d'un parc. Il n'y avait pas de sources, le terrain était inculte, les versants dénués de végétation.
Si maintenant des arbres et des buissons y prospè-
rent, c'est à Gaudí qu'on le doit. Pourtant à l'origine, ce n'est pas seulement un parc, un lieu de
détente pour la population de Barcelone qu'on
devait y aménager. Eusebi Güell, l'admirateur le
plus fervent et le mécène de Gaudí avait des projets plus ambitieux : il imaginait une cité modèle, un
paradis de l'habitat, une cité-jardin. On en est resté
au parc — pour le grand avantage de tout
Barcelone.

A droite: Médaillons de mosaïque représentant le nom du parc.

A vrai dire, le nom de cette création monumentale, qui, sous la désignation de «Park Güell», est entrée dans le paysage urbain de Barcelone et dans les biographies de Gaudí tient de la litote. Certes, cette étendue sert maintenant de parc municipal et avait été projetée avec cette fonction par l'ami et mécène de Gaudí, Eusebi Güell — cela devait devenir, par rang de superficie, le deuxième parc de la ville. Güell avait, à ce sujet, trouvé des idées au cours de ses voyages à l'étranger; il avait essentiellement été séduit par les jardins à

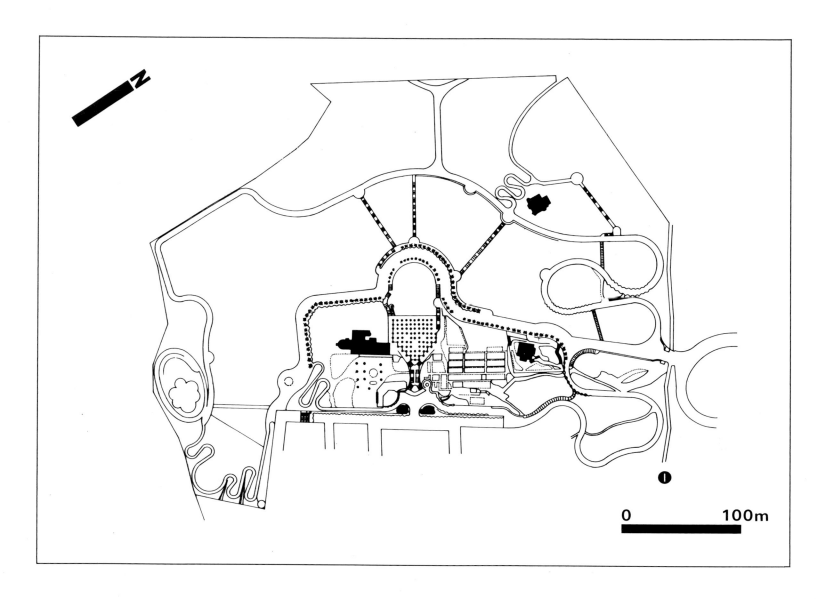

0   100m

l'anglaise conçus comme un contrepoids à l'industrialisation croissante des villes. Mais les modèles des jardins romantiques encore plus sauvages dans lesquels dominait une ambiance certes soignée mais marquée par une végétation naturelle ont certainement joué un rôle aussi dans ce projet.

On peut voir dans cette grande entreprise un élargissement de cet engagement social qui avait poussé Gaudí à collaborer au projet de la cité ouvrière de Mataró; Güell aussi se préoccupait intensément d'idées de réformes sociales qui connaissaient également à cette époque leur apogée en Angleterre. (Ce n'est pas un hasard, si c'est justement à Londres que Karl Marx élabora à cette époque ses écrits théoriques). En tout cas, Güell ne projetait en aucun cas un parc privé même si, dès le début, un mur clôturant tout le parc avait été prévu. Il devait donner aux habitants de cette cité une impression de sécurité car à l'époque des projets et du chantier, le parc se trouvait en dehors de la ville. De nos jours, cela a changé. Le parc ne devait pas être un lieu de détente, un but de promenade pour les citadins mais un quartier résidentiel, certes de haut standing et pas spécialement destiné au citoyen sans ressources. Dans ce but, on avait prévu soixante parcelles triangulaires; elles devaient être situées au flanc d'un côteau allongé assez abrupt afin que la vue sur la ville soit préservée. Chacune des parcelles devait être ensoleillée.

Ce plan échoua misérablement. Il n'y eut que deux parcelles de vendues. La ville ne manifestait aucune marque d'intérêt pour cette entreprise grandiose. Gaudí lui-même emménagea dans une des deux maisons, certes pas parce qu'il

Plan d'ensemble du parc portant l'indication des parcelles prévues pour les maisons d'habitation.

Gaudí voyait dans la grande terrasse un lieu de rencontre ainsi qu'une place pour des fêtes populaires et des représentations théâtrales.

voulait vivre dans une demeure luxueuse; sur ce plan il n'éprouvait pas de grands besoins; il devint même de plus en plus modeste à mesure qu'il se plongeait dans son travail. A la fin de sa vie, il alla jusqu'à emménager dans son atelier au pied de la Sagrada Familia en construction — une démarche presque symbolique quoique décidée par lui uniquement suivant des critères d'organisation pratique. Cependant, le parc Güell fut sa résidence jusqu'à ce moment. Gaudí devint donc par là en quelque sorte le voisin de son grand ami car sur l'aire du parc se trouvait déjà l'ancienne résidence de la famille Güell qui abrite de nos jours une école. Gaudí emménagea dans cette maison parce que son père de quatre-vingt-treize ans dont il s'occupait ne pouvait plus monter d'escalier. L'architecte menait déjà à cette époque une vie de célibataire endurci qui ne s'occupait que de son père et de la fille de sa sœur décédée précocement. Le père de cette dernière était un ivrogne incapable de garantir à la fillette une bonne éducation et une instruction. Malgré toute cette bonté, Gaudí pouvait cependant être difficile à vivre: il ne supportait aucun couple d'amoureux dans son parc.

Il est bien regrettable que ce projet ait échoué; en effet Barcelone aurait pu sinon s'enorgueillir d'un modèle de cité qui aurait encore de nos jours un caractère novateur. Gaudí avait réussi dans son projet une combinaison parfaite de zone d'habitat et de zone de loisirs. Au centre, il avait prévu une sorte de «place de marché» qui devait être un point de rencontre pour tous les habitants mais également un lieu propice aux représentations théâtrales ou folkloriques.

Le «programme social» — qui était essentiellement l'idée de Güell — échoua mais non la partie de l'entreprise dont Gaudí portait la responsabilité. L'aire initialement destinée aux maisons d'habitation est restée — abstraction faite

Deux pavillons à l'entrée (à gauche). Le bâtiment d'administration sur le côté gauche de l'entrée (à droite).

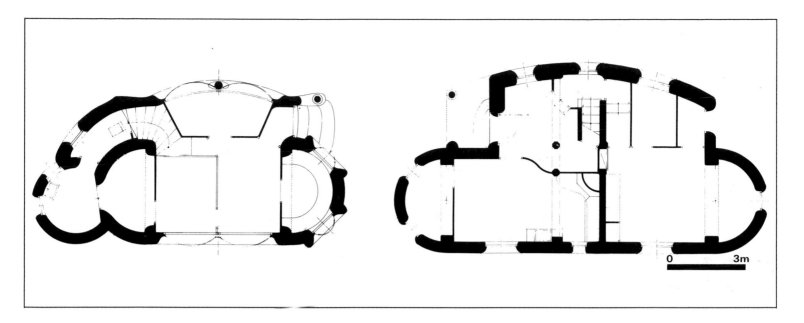

des deux maisons qui ont été construites — un terrain vague laissé en grande partie à l'état naturel. En revanche, sur l'aire destinée à la récréation par Gaudí, on a vu se créer un chef-d'œuvre, une sorte de sculpture gigantesque comme si un sculpteur avait pris toute une montagne comme matériau de sa création plastique. Et quel sculpteur! Un homme ayant un sens infaillible de la forme et de la couleur, un sculpteur qui était en même temps peintre. Il n'y a que dans la Casa Milà que dût se faire jour de façon encore plus précise cette capacité de Gaudí a créer des sculptures de dimensions gigantesques.

Comme cela est fréquemment le cas dans l'œuvre de Gaudí, le parc est composé d'éléments extrêmement différents qui, à vrai dire, s'excluent réciproquement. C'est ainsi que l'on rencontre en tout lieu des couleurs bariolées et vives qui devraient, au sens strict, jurer dans le paysage. Pourtant, elles s'y intègrent harmonieusement, l'enrichissent sans le détruire. Le mur d'une longueur interminable qui entoure tout le parc — lequel comprend bien 20 hectares environ — suscite la même impression: c'est à vrai dire un corps étranger dans la mesure où il est également en partie coloré. Et pourtant, il se blottit dans la moindre sinuosité du paysage de collines et ne fait que reproduire les contours du sol.

Ici Gaudí s'en est tenu aux principes du jardin à l'anglaise. Il suivait en cela les idées de son client, E. Güell. Et pourtant, ses travaux d'architecte-paysagiste se distinguent fondamentalement de ceux des modèles anglais. Comme dans le cas de ses bâtiments antérieurs qui avaient des allures mauresques, Gaudí a recours ici également à quelques principes architecturaux de ses modèles, mais il les combine à son style d'expression personnel, créant quelque chose d'entièrement nouveau. Il en va de même pour ce qui est de ses «emprunts» au néogothique ou à l'Art Nouveau.

Pour construire son parc, Güell fit l'acquisition du terrain de la Muntanya Pelada qui s'étend au nord-ouest de la ville. Cette zone n'était pratiquement recouverte d'aucune végétation — en fait des conditions idéales, pourrait-on s'imaginer, pour un réaménagement. L'absence de sources cependant et le sol sec et caillouteux rendaient plutôt cette aire impropre à l'habitation, et surtout à la création d'un parc auquel on associe en premier lieu des espaces verts. Gaudí, l'esprit pratique, allait avoir un trait de génie pour résoudre ce problème. Le terrain est en pente abrupte ce qui entraîna des problèmes supplémentaires pour les travaux de construction. Cependant, le paysage de colli-

Page 145: Élément du toit de la conciergerie dont le sommet en forme de tour est couronné d'une «amanite mouchetée».

Page 146: Cette route bordée de palmiers mène au portail du fond du parc. Les boules séparent le chemin piétonnier de la route.

nes était tout à fait propice à l'édification d'un mur de clôture aux lignes hardies. En ce qui concerne la forme du mur, Gaudí l'adapta aux données naturelles; mais il souligna en partie le mur par la couleur, surtout aux endroits qui devaient attirer l'attention : aux sept portes d'entrée et surtout à l'entrée principale. Là, dans la Calle Olot, la partie inférieure (à peu près les deux tiers de la hauteur) est construite en pierres naturelles de couleur ocre. Vers le haut, le mur s'élargit et est terminé par un chaperon hardi constitué d'une mosaïque de carreaux de céramique blancs et bruns. Cela comporte plusieurs avantages à la fois. D'abord ce revêtement de mur est extrêmement décoratif; le mur étincelle au soleil. Gaudí poursuivait à travers cette construction des desseins pratiques. Le matériau à vrai dire de valeur médiocre qu'il utilisait pour les murs aurait été exposé sans aucune protection à l'érosion de la pluie. Par cette «peau de céramique», il rendait alors les murs imperméables à l'eau. De plus, il renforçait, de cette façon, la fonction de protection du mur contre les intrus : le sommet arrondi et lisse n'offrait plus aucune aspérité aux doigts. Il est très difficile d'escalader ce mur sans dispositif spécial. Le parc est une synthèse unique de considérations d'ordre pratique et d'ordre esthétique. Il révèle le double talent de Gaudí peut-être encore plus nettement que tout autre ouvrage de l'architecte.

L'entrée principale est conçue selon des critères purement esthétiques. Elle est encadrée par deux pavillons qui, à première vue, ont l'air de petites maisons de contes de fées. Les murs paraissent irréguliers et semblent, de façon évidente, avoir de la peine à se rassembler pour former une maison. De plus, leurs toits sont irrégulièrement ondulés. Et pourtant, ici encore, comme c'est si souvent le cas, cette première impression de manque d'unité est trompeuse. Les pavillons et le mur constituent tout à fait un ensemble. Le plan horizontal des

Ci-dessous: Élément du toit du bâtiment administratif (à gauche). Conciergerie sur le côté droit de l'entrée (à droite).

pavillons est un ovale; leurs murs paraissent avoir poussé dans le mur du parc ou bien plutôt, les pavillons ont l'air d'être des «enclaves» dans ce grand mur. Les petits maisons sont, comme le mur, construites en pierres naturelles de couleur ocre, et les toits révèlent une structure bariolée de carreaux brillants comme le mur. Seule la tour de dix mètres sur l'un des deux pavillons tranche sur le reste. Un peu comme la tour de El Capricho, elle n'a pas de fonction et est carrelée d'un motif en damier de petits carrés bleus et blancs — une fois de plus, une contradiction apparente, une rupture avec l'harmonie du paysage, et pourtant, dans le choix des couleurs, Gaudí a eu recours, comme l'observateur doit s'en rendre compte depuis la rue, au bleu du ciel et au blanc des nuages qui y passent. De même que dans le mur, on trouve, intégrés dans les pavillons, de petites médaillons portant le nom du parc : tout cela n'est que frivolité ornementale, mais tous les éléments réunis possèdent une fonction significative.

Ce domaine de l'entrée renvoie déjà à des principes d'archictecture essentiels que le visiteur rencontre en tous lieux : des effets époustouflants attirant magiquement le regard mais qui sont englobés dans une harmonie fondant tout en une unité; l'impression de matériaux précieux et lumineux — alors que les matériaux utilisés sont bon marché. Le parc est presque entièrement construit à partir de matériaux qui existaient sur le terrain, et il en existait beaucoup. Le terrain était trop abrupt pour qu'on puisse y faire courir routes et chemins. Gaudí renonça à aplanir des parties de montagnes : il voulait soumettre entièrement son architecture aux injonctions du paysage. C'est ainsi qu'il fit passer les routes sur des viaducs et sous des cavernes. De cette façon, il obtint des

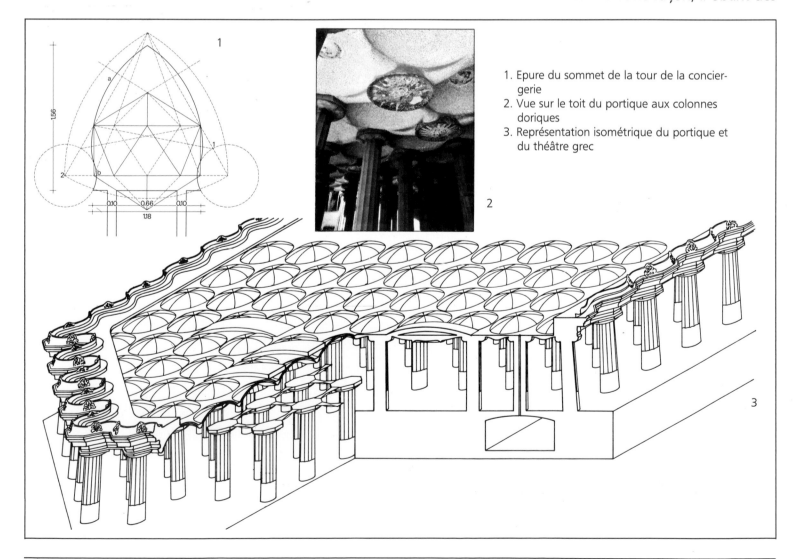

1. Epure du sommet de la tour de la conciergerie
2. Vue sur le toit du portique aux colonnes doriques
3. Représentation isométrique du portique et du théâtre grec

Des médaillons de mosaïque de Josep M. Jujol décorent le plafond du portique.

matériaux de pierres, un rebut dont il construisit ses bâtiments. Il réalisa les précieux revêtements brillants de céramique à l'aide d'un collage, le «trencadis»: il se procura des déchets dans de bonnes fabriques de céramique, de la marchandise de rebut, des débris et éclats qu'il fit appliquer dans le mortier encore mou. C'est ainsi que dès le début du siècle, il devança un courant artistique qui ne devait s'épanouir que dans les années vingt: les techniques de collage des dadaïstes. Sans son collaborateur, Joseph Maria Jujol, qui était un spécialiste de ce genre de céramique, son travail n'aurait peut-être pas été aussi abondant et magnifique. Mais de telles réflexions sont de vaines spéculations: l'architecture ne peut se passer de collaboration et Gaudí justement prônait ardemment le travail d'équipe. Le travail, a-t-il dit un jour, est le fruit du travail en commun et ce dernier n'est possible que sur la base de l'amour. Il mit en pratique cette théorie par sa présence constante sur le chantier de la Sagrada Familia.

Gaudí n'a jamais été un simple théoricien. Selon ses convictions, la tâche de l'architecte n'était pas d'inventer de grands projets mais plutôt de les rendre possibles. Par cette opinion, il prenait place tout à fait dans la grande tradition du dix-neuvième siècle. Dans les dernières décennies de ce siècle-là se répandit, surtout en Angleterre, un pragmatisme généralisé qui trouva son expression la plus populaire dans la personne de William Morris. Morris se jugeait artiste, était cependant en réalité fabricant de meubles — et, de plus, animé d'idées de réformes sociales. En conséquence, il essayait continuellement de créer des

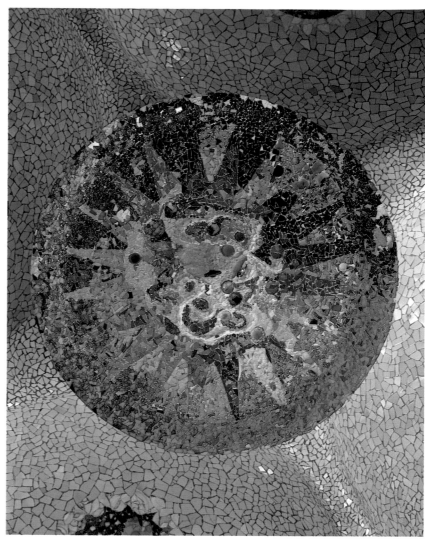

meubles de haute valeur artistique d'une façon telle qu'ils fussent accessibles au consommateur moyen, même à l'ouvrier défavorisé socialement. On devait rehausser la valeur esthétique de la vie quotidienne. Morris se serait sûrement réjoui de l'idée qui est à l'origine du parc Güell. Gaudí entama donc sa carrière dans une époque où l'on s'efforçait d'abolir la distinction ancienne entre l'art et l'artisanat — et donc entre l'art et la vie quotidienne. Le parc Güell représente une preuve concrète de la justesse et de l'applicabilité de cette idée. Que la ville ne pût guère s'enflammer pour ce projet, montre également d'ailleurs que l'opinion publique était loin d'être mûre pour de telles conceptions avant-gardistes.

Par l'utilisation de moyens banals voire de piètre qualité pour atteindre de grands effets esthétiques, Gaudí devançait des idées qui trouvèrent ultérieurement un succès mondial chez les cubistes, chez Picasso et Miró, les compatriotes de Gaudí. L'utilisation de matériaux de qualité moindre — et donc moins solides — confrontait néanmoins Gaudí à de grands problèmes de construction. C'est ainsi qu'il devait construire des bâtiments à partir de l'agencement complexe de plusieurs couches pour arriver à la solidité. Pourtant vues de l'extérieur, celles-ci semblent sorties du même moule. La partie supérieure de la tour du pavillon, par exemple, est creusée à l'intérieur. Ses murs sont constitués d'une couche interne de briques de quarante millimètres d'épaisseur et d'une couche de béton qui est armé de barres de fer de dix millimètres d'épaisseur; c'est la première fois que Gaudí utilisait ce matériau. Au dessus se trouvent trois couches de tuiles et finalement la couche extérieure de ciment avec les incrustations de morceaux de céramique qui composent la mosaïque. Le parc entier est construit de façon aussi géniale. Cette construction, invisible pour l'observateur, ne se révéla que lorsque la ville qui est propriétaire du parc depuis 1922, fit faire des travaux de rénovation. Ces travaux ont d'ailleurs été nécessaires extraordinairement tard; les édifices de Gaudí se caractérisent par leur solidité ahurissante même s'ils paraissent frêles comme les tourelles décoratives sur les toits.

Ce qui avant tout est fascinant, c'est l'aménagement architectonique de cette partie du parc qui n'était pas destinée à être habitée et qui fait, à vrai dire, la qualité de vie du parc. Quand on est passé par l'entrée, puis, qu'on a longé les deux pavillons dont elle est flanquée, on se trouve devant un escalier extérieur monumental qui rappelle les grands châteaux des temps anciens. En deux parties qui sont séparées par une grande platebande délimitée par des murets de pierre bas et comprenant des sculptures organiques en pierre, cet escalier mène à la partie centrale de tout cet espace vert dont, à vrai dire, on ne peut encore avoir aucune idée depuis cet endroit. Avant, le visiteur doit encore affronter un monstre, en quelque sorte le dernier garde du parc: un gigantesque dragon décoré d'écailles multicolores en petits carreaux qui n'est pas inconnu de l'amateur de Gaudí. Celui-ci a déjà rencontré un animal analogue sur le domaine Güell, mais là, dans la version d'inspiration Art Nouveau d'un portail d'entrée en fer forgé. Comme toujours chez le Gaudí de la fin de l'œuvre, on doit deviner, derrière tout ce qui ne peut paraître que jeu, un sens plus profond, la plupart du temps symbolique. Le dragon représente Python,

Gaudí était un maître dans l'art de produire de grandioses effets esthétiques à partir de matériaux bon marché. Les magnifiques mosaïques du banc du parc furent composées à partir de débris multicolores de carreaux et de morceaux de verre.

le gardien des eaux souterraines et en cela Gaudí fait allusion à ce qui se dérobe au regard, mais qui est d'une importance énorme: derrière le dragon se trouve une citerne qui a une contenance allant jusqu'à 12 000 litres et qui est conçue en tant que réservoir collecteur de l'eau de pluie. De cette façon, l'eau de pluie est canalisée et stockée pour l'irrigation de cette aire pauvre et dénuée de sources.

Quelques mètres plus loin, on rencontre un autre reptile — une tête de serpent qui a également une fonction symbolique. Gaudí fait, dans ce cas, allusion aux armes de la Catalogne qui comprennent une tête de serpent et des rayures rouges et jaunes. Avec l'esprit pratique qu'on lui connaît bien, l'architecte fit de ces deux reptiles des soupapes de trop-pleins pour les citernes.

L'escalier en soi rappelle des siècles passés; pourtant, quand on en a gravi les marches, on se sent transporté dans des temps encore plus reculés. Tel un temple grec s'élève un portique couleur ocre. La forme des colonnes est — à quelques variantes près — celle du style dorique. Peut-être Gaudí voulait-il, à l'aide de cet élément architectural, rendre hommage à la passion de son client pour l'art classique. Les colonnes sont ordonnées comme si elles se trouvaient aux points d'intersections d'un filet imaginaire. Selon le point d'observation, on a l'impression qu'elles constituent une forêt de colonnes quasi impénétrable ou bien une structure composée de plusieurs rangées de colonnes, dans laquelle toutes les colonnes disparaissent derrière les premières. Mais Gaudí ne serait pas fidèle à lui-même, s'il ne jouait pas non plus avec cette réminiscence de l'Antiquité. Les colonnes externes sont — tout à fait selon l'usage grec — légèrement penchées et s'élargissent un peu vers le bas; seulement chez

Pages 154-157: Détails de la décoration en mosaïque du banc du parc. Une partie du dessin de la mosaïque fut réalisée par Gaudí en personne, le reste par les ouvriers du chantier sous forme de travail d'équipe. On créa à partir d'éclats de verre et de céramique de formes diverses ou bien des dessins symétriques ou bien d'irrégulières décorations fantastiques.

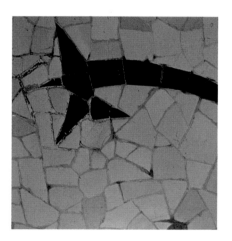
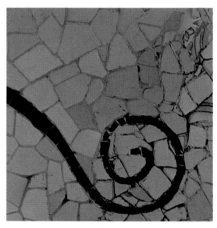
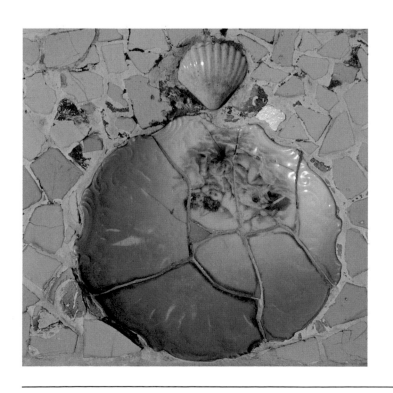

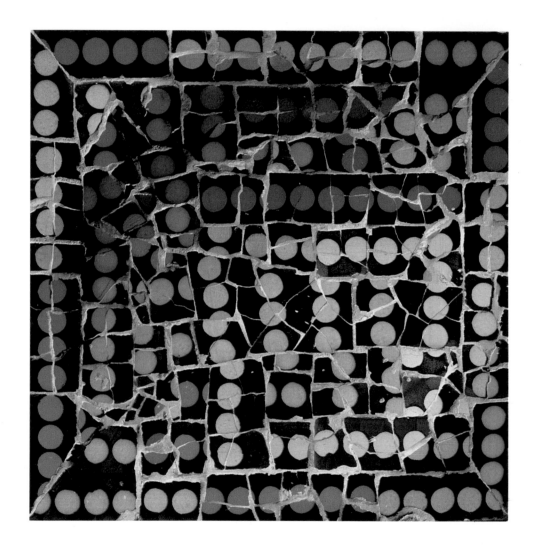

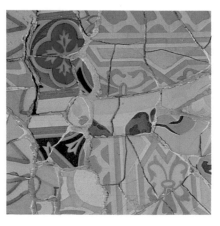

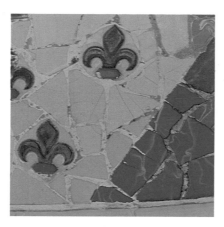

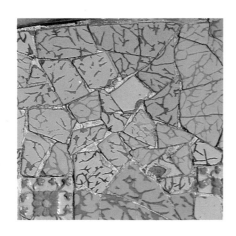

Gaudí tout est un peu plus marqué que dans les colonnes doriques originales. Les autres colonnes à l'intérieur de ce «portique» sont partout de même diamètre. Les éléments architectoniques du parc ont toujours plusieurs fonctions. De même que les deux reptiles sont à la fois décoration, allusion symbolique et soupapes de trop-pleins — autrement dit objets utilitaires — les colonnes ne sont pas seulement les éléments de soutènement d'un toit, et le toit n'a pas seulement une fonction de toit, il est aussi le plancher de quelque chose de tout à fait autre. Il semble même, en effet, que la fonction de toit ne soit qu'accessoire. Le toit est en même temps la partie centrale de tout l'ensemble. Cette partie aurait, à vrai dire, dû devenir la «place du marché» de la cité et — aussi selon le modèle antique — en même temps un lieu de représentations théâtrales. C'est ainsi que l'on peut se représenter le parc, tel qu'il était conçu dans le plan initial, comme un gigantesque amphithéâtre. Le «public» n'aurait pas été assis sur des rangées entourant directement la scène. Ces «rangées» se seraient plutôt trouvées sur les hauteurs avoisinant la place; les «places» des spectateurs auraient été les maisons de la cité. Ce qui en est resté, c'est une place sans la cité autour. Ce «théâtre grec» comme Gaudí aimait appeler la place, avait des dimensions considérables: 86 mètres sur 40. Il n'est construit sur le terrain ferme que pour la moitié; l'autre moitié repose sur les colonnes doriques. C'est ainsi que le portique grec n'est à vrai dire que les fondations du théâtre grec encore plus grand. Les colonnes ne servent pas seulement au soutènement du toit, elles servent en même temps de conduites pour l'eau de pluie. Sur une telle surface, il peut, en peu de temps, s'amonceler une très grande quantité d'eau. Les colonnes, aussi compactes qu'elles en aient l'air, sont creuses et le sol du théâtre grec dissimule une vie intérieure complexe. Il est absolument plan, ne présente aucune inclinaison de sorte que l'eau ne peut pas couler dans une direction déterminée. Gaudí, comme c'est souvent le cas dans sa période de maturité, a copié son système d'écoulement des eaux sur celui de la nature. Le sol de la place n'est pas cimenté, l'eau peut donc imprégner le sol. Elle parvient dans une quantité de réservoirs collecteurs ressemblant à des demi-tuyaux ayant de petites ouvertures à leur base par lesquelles l'eau peut s'écouler dans les colonnes creuses. Le fait que l'eau soit même filtrée durant son acheminement jusqu'à la citerne prouve combien l'architecte pensait aux détails dans la conception de ses bâtiments. Il n'y a rien d'étonnant au fait que la ville de Barcelone lui ait décerné le prix pour la Casa Calvet non seulement à cause de la valeur esthétique du bâtiment mais aussi à cause de ses réalisations dans le domaine de l'aération et du système de conduites d'eau. De plus, il a interrompu le système symétrique de l'ordonnance des colonnes en quelques endroits pour alléger le portique. Aux endroits laissés «libres», son collaborateur Jujol réalisa des décorations fascinantes en forme de médaillons de grandes dimensions.

Par cela, on est encore loin d'avoir épuisé la quantité de fonctions diverses que remplit ce complexe architectural. Le mur entourant la place ne sert pas seulement à préserver d'une chute des passants trop curieux. Gaudí réalisa sur ce terrain un banc de repos presque illimité. C'est ainsi que la terrasse a pu devenir un lieu de rencontre d'autant plus que le «banc infini» n'est pas tout simplement rectiligne. Il serpente en d'innombrables et diverses sinuosités autour de la gigantesque terrasse. De cette façon, il offre des places à beaucoup de gens et surtout sa structure est telle que les gens — bien qu'ils soient en plein air et dans la foule — peuvent cependant former de petits groupes intimes, des unités de conversations en quelque sorte. Que le banc-mur acquît

Ci-dessous et page 159: Pour créer les rues et les chemins, Gaudí suivit les données de la nature. Au lieu d'aplanir des collines, il créa, à partir de nombreux murs et piliers de soutènement obliques, des chemins ressemblant à des grottes.

par cela une forme organique n'est qu'un phénomène secondaire de «pur hasard». L'architecture organique était, dans cette phase de Gaudí, sa règle suprême. C'est ainsi qu'il fit preuve de beaucoup de minutie dans la conception du banc-mur, modela les sièges et dossiers selon la configuration du corps humain. Pour trouver la forme exacte, il aurait assis un homme nu sur du plâtre encore malléable pour pouvoir ensuite reproduire cette empreinte. Si l'ornementation du banc peut paraître bien abstraite, celui-ci est cependant — comme bien des choses dans l'architecture de Gaudí — très proche de la réalité, «humain», «naturel». L'architecte a veillé à ce que son sens des couleurs y trouve son compte grâce à l'application la plus généreuse peut-être et la plus artistique de «céramique de débris». Il fit réaliser sur ce banc à partir de milliers de carreaux multicolores cassés et de morceaux de verre, une mosaïque qui surpassait de loin ses décorations de toits et de murs réalisées jusque-là. En cela, il avait toute confiance dans le sens artistique de ses ouvriers. Il lui était impossible de créer et répartir lui-même tous les morceaux de céramique. Un critique pense avoir trouvé une preuve affirmant que le banc a été décoré de droite à gauche. C'est dans cette direction, pense-t-il, qu'on peut constater une croissance du savoir-faire artistique et de l'imagination. Grâce à ce travail collectif, Gaudí créa, en quelque sorte, un tableau de Miró avant même que celui-ci ait commencé à peindre. (Les travaux dans le parc durèrent de 1900 à 1914; Miró est né en 1893). De plus, du fait de cette décoration en céramique, le banc est imperméable à l'eau et extrêmement hygiénique.

Malgré la somptuosité de ses couleurs, le banc ne fait pas du tout l'impression d'un corps étranger — peut-être justement à cause de ses sinuosités organiques qui, comme le mur du parc, épouse les contours des collines. Le réseau routier du parc est caractérisé par une semblable harmonie avec la nature. Si le banc constitue une grande réussite de Gaudí sur le plan de l'aménagement de surfaces, le réseau routier représente sa grande performance dans le domaine de la conception et de la statique à partir de laquelle il développera ses réflexions ultérieures pour la Sagrada Familia. Pour éviter un aplanissement du terrain, il fit parcourir aux routes des sinuosités, les mena tout au bord de côteaux et leur fit sans cesse traverser des colonnades. Pour cela, il utilisa des constructions aux allures totalement naturelles. Il fit confectionner les colonnes en briques, ce qui représentait une atteinte moindre à l'impression optique du paysage. Ces colonnades constituent souvent des grottes que l'on croirait

Chemin de promenade à deux étages (à gauche). Chemin de promenade avec colonnes obliques et spiralées (à droite).

vraies. En cela, les colonnes obliques — aussi fragiles qu'elles puissent paraître — se sont révélées d'une grande capacité de soutien. Gaudí a fait d'abondantes expérimentations à partir de maquettes. En même temps, ces «grottes» offrent un abri contre la pluie ou un soleil par trop aride et sont munies de bancs qui ont été construits dans la roche, la règle suprême étant toujours la forme proposée par la nature.

Avec le «Park Güell», Gaudí a réalisé une cité dans une zone jusque-là inhabitée et en même temps tellement respecté la protection des sites qu'il pourrait être un modèle justement pour l'époque actuelle. Néanmoins, le parc a été classé en 1984 par l'UNESCO site protégé au plan international. Architecture et nature nouent, dans cet ouvrage, une alliance unique. L'architecture n'est pas seulement adaptée au paysage, elle paraît avoir poussé en lui. Souvent on croit voir, à première vue un palmier dans une colonne se terminant au sommet par une vasque. (Des confusions de sens contraire sont également possibles.)

De tous les ouvrages de Gaudí, le parc Güell est celui qui se caractérise par la plus grande proximité de la nature. C'est à partir de cette façon de voir que l'architecte créa alors ses bâtiments ultérieurs qui mettent au côté de la nature une deuxième, une nouvelle nature.

Partie la plus élevée du chemin de promenade. Les piliers du mur se terminent en vasques florales. Ils représentent un exemple particulièrement saisissant de l'art avec lequel Gaudí imitait, dans son architecture à l'aide de moyens artificiels, les formes existant dans la nature.

Casa Batlló

1904-1906

De puissantes colonnes ressemblant aux pieds d'un gigantesque éléphant, c'est la première chose qui frappe le passant. Quant au toit, c'est à un tout autre animal qu'il fait penser: il est en effet démarqué par une ligne en zig-zag qui évoque l'échine d'un saurien géant. Entre les deux, s'étale la façade avec ses petits balcons aux courbes élégantes qui semblent être collés à la maison comme des nids d'oiseaux à une falaise. La façade étincelle de mille couleurs et est interrompue par de petits disques plats qui ressemblent à des écailles de poissons. Ici, il n'y a ni angles ni arêtes; même les murs sont ondulés et ressemblent plutôt à la peau lisse d'un serpent de mer. Salvador Dali a fait l'éloge de Gaudí pour ses «portes molles en cuir vélin». Dans la Casa Batlló même les murs extérieurs ont l'air d'être en cuir, mou et souple. Ce rêve de souplesse et de nature se poursuit à l'intérieur.

Dans aucun autre bâtiment probablement la modernité, le nouveau dans l'architecture de Gaudí n'apparaît de manière aussi évidente, presque symbolique que dans son avant-dernier projet de maison d'habitation. Comme cela a été si souvent le cas dans sa carrière, ici aussi, il ne pouvait pas faire du tout à fait neuf. Il était lié par des éléments d'architecture déjà existants. Par exemple, pour le Colegio Teresiano, cela l'avait amené à opérer quelques modifications essentielles des plans pour introduire ses conceptions des éléments de soutènement d'une maison et imprimer, en quelques tours de mains, sa marque optique au bâtiment.

Dans la maison étroite du n°43 du Passeig de Gràcia, il en allait autrement. Même avec la plus vive imagination, il est impossible de se représenter de nos jours le bâtiment dans son aspect initial. Une comparaison des plans et coupes en donne un aperçu. Josep Batlló i Casanovas, un fabricant de textile fortuné voulait entièrement remanier sa maison d'habitation qui se trouvait dans ce quartier élégant de Barcelone. Elle avait été construite en 1877 et doit avoir été une des maisons les plus monotones et conventionnelles de la région. A côté, on avait construit des bâtiments beaucoup plus modernes. De façon évidente, Batlló voulait surpasser ces maisons en modernité, car l'originalité de Gaudí dans la conception architectonique était connue depuis longtemps. Certes, c'est Pere Milà, un ami de Batlló qui établit des contacts personnels, cependant notre architecte doit ne pas avoir été inconnu du fabricant de textile. Les bâtiments spectaculaires réalisés pour Güell — le palais qui n'était pas situé si loin du Passeig de Gràcia de même que le parc Güell qui prenait forme ces

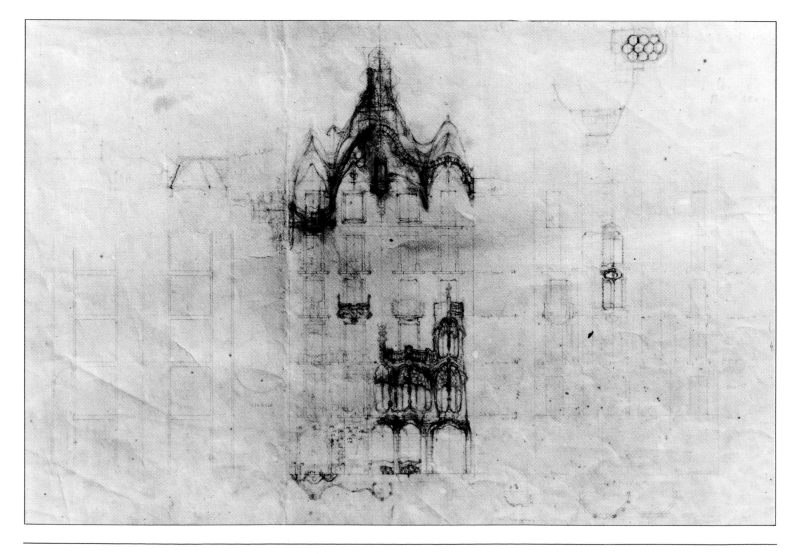

annéeslà — avaient fait de Gaudí une personnalité célèbre. On peut s'imaginer la grandeur du projet qu'envisageait le client au fait qu'il déposa en 1901 auprès de la municipalité une autorisation de démolition puis de construction d'un bâtiment entièrement nouveau. On n'en arriva pas là, peut-être parce que Gaudí n'avait pas besoin d'une refonte aussi radicale. Créer quelque chose de nouveau à partir seulement de travaux de transformation n'est pas sans charmes. Et le bâtiment aboutit en effet à quelque chose d'entièrement nouveau, même pour Gaudí. Il abandonna tout à fait les chemins habituels même de la construction moderne d'appartements et créa, au vrai sens du terme, une maison fantastique. Cela débute déjà dans le fait qu'il conféra au bâtiment très étroit, l'impression de dimensions gigantesques au rez-de-chaussée. L'exiguïté du terrain à bâtir était certes une circonstance que l'on trouve tout au long de sa création. Si ses bâtiments paraissent magnifiques, grandioses, ils sont pourtant loin d'être grands. C'est que Gaudí donnait tout simplement l'illusion de la grandeur en quelques tours de main. Dans le palais Güell, c'étaient les deux gigantesques portails de fer forgé qui créaient cette illusion. Dans la maison Batlló qui était à reconstruire, cela devait être les grandes colonnes qui forment une arcade autour de l'entrée et dont la grosseur pouvait donner à penser que la maison devait véritablement avoir de gigantesques dimensions. Les colonnes, bien sûr, furent aussitôt à l'origine d'un conflit entre Gaudí et les autorités; mais là aussi, Gaudí resta fidèle à lui-même. En effet, il y avait déjà eu des oppositions venant de l'administration dans le cas de la Casa Calvet. Si le litige concernait alors la hauteur dépassant les normes prescrites, dans ce cas-ci, il s'agis-

Tribune de l'étage principal (premier étage). Des pierres naturelles de Montjuich furent polies de façon telle qu'il en apparut des surfaces arrondies et l'impression d'une sculpture d'argile moulée à la main.

Ci-dessus: *Façade du rez-de-chaussée et du premier étage (à gauche). Canal d'aération dans la cour intérieure. Les couleurs qui s'éclaircissent de haut en bas ainsi que la taille différente des fenêtres tiennent compte de l'intensité de la lumière qui y pénètre (à droite).*

Page 167: *Hall d'entrée et cage d'escalier.*

Pages 168/169: *Exemple saisissant de l'aménagement par Gaudí des pièces intérieures. Les plafonds et murs semblent avoir été modelés; il n'y a ni lignes droites ni surfaces planes.*

sait de la largeur. Les colonnes empiétaient de 60 cm sur le trottoir. Le passant trébuche littéralement sur cette maison — et ce, également au sens figuré. Gaudí a rarement provoqué avec un bâtiment autant d'indignation qu'avec cette architecture avant-gardiste. Cependant, Gaudí ne se souciait manifestement pas plus que pour la Casa Calvet des reproches de l'administration. Du moins, les colonnes existent-elles encore. Gaudí ignora également une seconde offensive des autorités. Il avait construit à l'intérieur un entresol et sous les toits deux pièces qui ne figuraient pas dans la demande de permis de construire. Ce qui semble de prime abord une querelle de forme entre l'architecte et les autorités municipales tient en fait à la nature de l'architecture de Gaudí. Ses bâtiments prenaient forme au fur et à mesure des travaux. Certes, ce procédé a atteint une ampleur gigantesque pour la Sagrada Familia mais déjà dans le cas de la crypte Colònia, il avait pris des dimensions inhabituelles.

Peut-être Gaudí avait-il vu venir les problèmes avec l'administration; il avait, en effet, pour tout plan expédié une simple esquisse traduisant une atmosphère mais ne disant rien sur la conception architecturale. Certes, il est vrai que cela correspondait à sa façon de tracer des plans. De la crypte de la Sagrada Familia, il n'existe également que ce genre de dessin à main levée; il est caractéristique que les trois projets se ressemblent.

Il faut dire que Gaudí n'avait rien à cacher. Toute l'ampleur de son avant-gardisme ne se révéla que dans les dernières phases des travaux de transformation. Si on compare les plans de l'ancien bâtiment avec le résultat final, on s'aperçoit que Gaudí suivait rigoureusement les données. L'ancienne maison avait essentiellement une structure rectangulaire, le plan horizontal se retrou-

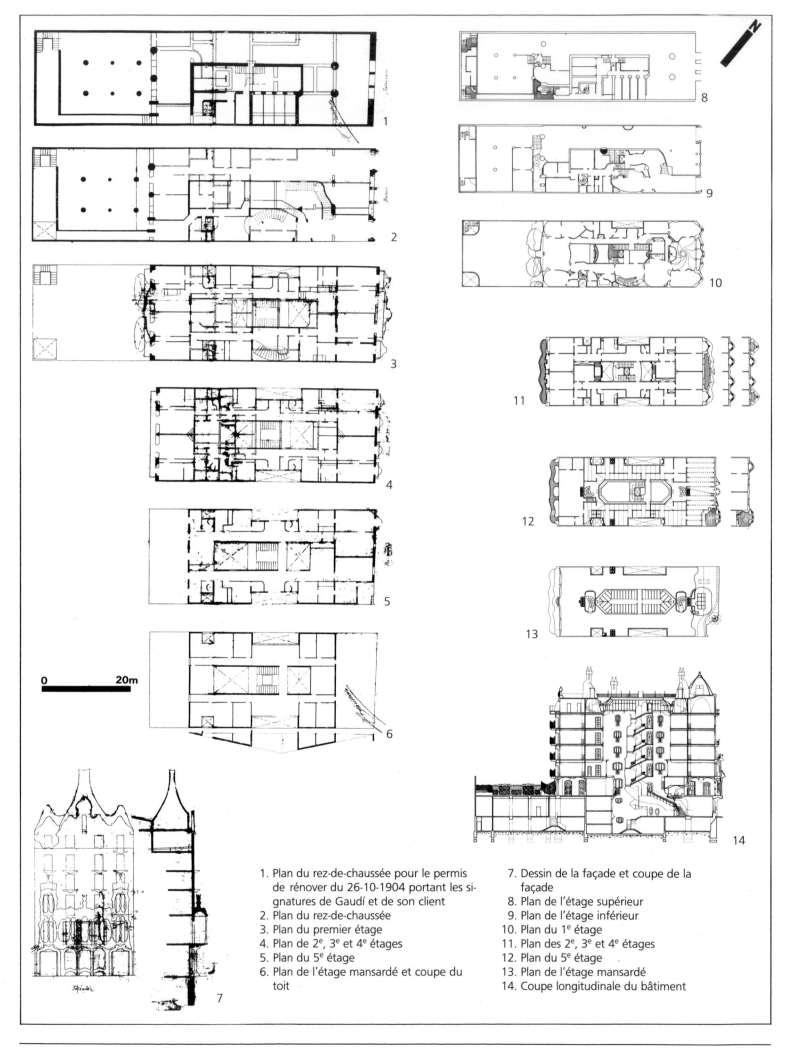

1. Plan du rez-de-chaussée pour le permis de rénover du 26-10-1904 portant les signatures de Gaudí et de son client
2. Plan du rez-de-chaussée
3. Plan du premier étage
4. Plan de 2e, 3e et 4e étages
5. Plan du 5e étage
6. Plan de l'étage mansardé et coupe du toit
7. Dessin de la façade et coupe de la façade
8. Plan de l'étage supérieur
9. Plan de l'étage inférieur
10. Plan du 1e étage
11. Plan des 2e, 3e et 4e étages
12. Plan du 5e étage
13. Plan de l'étage mansardé
14. Coupe longitudinale du bâtiment

Ci-dessus : Cheminée revêtue de plaque de céramique résistant à la chaleur dans une antichambre

Page 171 : Escalier menant du rez-de--chaussée à l'étage principal où résidait la famille Batlló. A première vue, les surfaces des murs ressemblent à de la mosaïque; en réalité, elles sont peintes.

vait dans la coupe verticale, et la façade était dominée par quatre fenêtres en rectangles allongés par étage. Gaudí reprit cette répartition, mais renouvela la forme et le revêtement des fenêtres et les compléta par de petits balcons aux formes grotesques qui paraissaient coller aux rebords comme des gouttes de miel fluide — un nouveau genre de maison avait vu le jour ! La balustrade en fer forgé, qui ne servait que de décoration de balcon se trouve ici complétée, enjolivée par des éléments de maçonnerie aux courbes douces. On ne trouve ni angle ni ligne droite, tout semble fluide. Surtout, toute la façade donne l'impression qu'on a renoncé à utiliser le matériau habituel. Dans la Casa Batlló, la brique, matériau préféré jusque-là par Gaudí, n'apparaît pas non plus au titre de la décoration que Gaudí maîtrisait avec une telle perfection. La façade est ornée de pierres de Montjuich plates dont la teinte sable ressemble à de l'argile modelée. Cette impression est soulignée par le traitement de la surface. Gaudí confère à tout une forme courbe moutonneuse. La maison a plus l'air d'être une construction de confiseur que de maçon. Elle devient tout à fait une maison de conte de fées grâce aux petits morceaux de mosaïque incrustés dans la façade et qui créent un effet de scintillement dans les rayons de soleil. A proximité du toit, la proportion de céramique s'accroît considérablement. Quant au toit, du côté de la rue, il est composé de tuiles d'un rose bleuté. Le faîte est une ligne courbe suivant le léger zig-zag de tuiles rondes.

Tout cela paraît être né d'un cerveau se détachant de tout ce qui a existé auparavant, ne suivant plus que le cours de ses propres rêves et visions. Et pourtant, comme dans nombre de ses bâtiments précédents, Gaudí a tenu compte de l'environnement immédiat. Par exemple, la ligne en zig-zag du faîte du toit correspond à l'austère pignon en escalier de la maison voisine de gauche. Pour fixer la hauteur du bâtiment, Gaudí s'est également repéré d'après les bâtiments voisins. Il a même renoncé à construire un étage mansardé complet; il a réduit la surface de ce dernier étage de sorte que la maison s'amenuise vers le haut, le toit prend des allures de chapeau, de coiffe comportant même sur le côté, pour ainsi dire, en guise de plume de chapeau, une charmante tourelle pour la décoration. Cette petite tour est couronnée de la croix horizontale qui était devenue entre temps la marque distinctive de Gaudí.

L'impression d'espièglerie, cette structure ondoyante des lignes se poursuit également à l'intérieur de la maison. Gaudí s'est surtout attaché à l'aménagement de l'appartement principal qui devait être habité par les propriétaires. Cela n'a plus rien de commun avec des pièces de conception traditionnelle. Gaudí a placé les éléments dans le prolongement les uns des autres. Il avait partiellement tenté cela dans le palais Güell; mais c'est ici qu'il a le mieux réalisé l'architecture en pièces continues.

Aussi originales que puissent paraître les pièces — on les a référées à l'Art Nouveau, alors qu'ici Gaudí suit des chemins tout à fait personnels — c'est pourtant une structure extraordinairement sobre voire presque simpliste qui est à leur base. L'ancienne maison avait dans son plan, comme pour sa façade, une structure rectangulaire. Chez Gaudí aussi, le plan et la façade se correspondent; seulement les formes sont radicalement différentes. De même que les fenêtres ressemblent à des excroissances organiques dont chacune diffère de l'autre, de même le plan est déterminé par des formes irrégulières. Il ressemble plutôt au schéma de structure de cellules organiques.

Pages 174, 175: Deux exemples de la création pleine d'originalité de Gaudí pour le toit. Sur le faîte du toit du réservoir d'eau sur le côté gauche, des céramiques sphériques et cylindriques sont disposées alternativement. Il ressemble par là à l'échine d'un effroyable dragon ou saurien (page 174). Gaudí a décoré les tours de ventilation et les cheminées avec des débris de carrelage (Page 175).

Ci-dessous: Porte de la salle de l'étage principal (à gauche). Porte de séparation à l'étage principal, entre la salle et le bureau (à droite).

Casa Milà

1906-1910

«La pedrera» — «la carrière» — c'est par ce surnom
que désignait une population éberluée un bâtiment
qui n'a pas de pareil au monde. On pourrait le
comparer aux abruptes falaises rocheuses dans lesquelles des tribus africaines ont creusé des habitations troglodytes. Mais la façade ondoyante à
grands stomates rappelle aussi le relief des plages
de sable fin que crée la mer qui se retire. On pourrait également devant ces sinuosités qui parcourent
toute la façade penser aux structures de rayons de
ruches. Avant de se consacrer totalement à la
Sagrada Familia, Gaudí a conçu, dans ce dernier
bâtiment profane, un vrai paradoxe : d'une part,
une construction naturelle qui est un produit de
l'art et d'autre part, le résumé de toutes les formes
qui l'avaient entre temps rendu célèbre. Sur le toit,
on trouve une imitation de son banc du parc Güell
ainsi que ses cheminées grotesques qui ne cessent
de s'affirmer.

Page 177: Pour la façade de la maison, on a utilisé du calcaire. A l'origine, la pierre était blanc crème; mais la couleur a changé sous l'effet de la pollution.

Pages 180/181: Vue globale de la façade de cette imposante maison.

A vrai dire, avec sa Casa Batlló, Gaudí avait atteint l'apogée de sa construction de bâtiments profanes. Il est à peine possible de s'imaginer une plus grande liberté à l'égard des formes traditionnelles de maisons, un déploiement plus grandiose et plus anarchique de l'imagination formelle. De plus, Gaudí poussa à la perfection sa nouvelle phase de style dans le cadre de cette entreprise. Dans le parc Güell comme dans la crypte Colònia Güell, il s'était tellement rapproché de la nature que les bâtiments paraissaient être une seconde nature, une recréation des formes naturelles et des principes architecturaux. Avec la Casa Batlló, il a porté ses débuts à un point sublime. Les formes proches de la nature devinrent de vraies formes d'art qui ne font que rappeler des données naturelles. Aussi n'est-ce pas trop sans raison qu'on a comparé la façade principale à la surface d'une mer fouettée par la tempête. Les débris de mosaïque dans la façade rappellent de petits moutons d'écume; mais sous la main de Gaudí, cela devient un élément purement ornemental. Gaudí n'imite pas la nature. Même les meubles qu'il a créés pour le propriétaire sont incontestablement conçus d'après la configuration du corps humain; pourtant Gaudí n'a pas utilisé de formes corporelles. Le temps où il créait des poignées de portes ressemblant à s'y méprendre à des os est passé. Du fait de son observation minutieuse de la nature, Gaudí avait tellement assimilé les structures essentielles de celle-ci qu'il pouvait alors en jouer comme il l'avait fait au début de sa carrière avec les styles d'architecture existants. Il joue de même avec des éléments de son style personnel, signe caractéristique de plus en plus évident d'une phase mûre, tardive de l'artiste.

Pour ce qui est de la richesse imaginative, la Casa Batlló n'est certainement pas dépassée par la Casa Milà. Il y manque l'emploi fascinant de la couleur, il y manque l'utilisation généreuse de différents matériaux et formes de céramique. De même, on rechercherait en vain dans la dernière maison d'habitation construite par Gaudí, une rampe d'escalier rappelant l'échine gigantesque d'un saurien à l'intérieur (ce motif se répète sur le faîte du toit). Gaudí avait déjà, à ce point de vue, touché son apogée. Pourquoi accepta-t-il cependant la commande de son ami Pere Milà? Cela est difficile à dire. Peut-être a-t-il été séduit par les dimensions? Pour une fois, il n'était pas obligé de donner à un bâtiment une illusion de grandeur, mais il pouvait construire dès le départ en grand. Le terrain n'était qu'à quelques maisons de distance de la Casa Batlló, au coin du Passeig de Gracià et de la Calle de Provença. La situation de maison d'angle exigeait un abandon des structures appliquées jusqu'ici dans ses bâtiments. Jusque-là, il avait surtout soigné l'entrée, que ce soit par une tribune comme dans le Palacio Güell, que ce soit par un colombage richement décoré au-dessus de la porte d'entrée pour la Casa Calvet, ou par la réunion d'une tribune et d'une arcature dans la Casa Batlló. Pour la Casa Milà qui devait servir de grand immeuble de logement, il fallait, bien sûr, plusieurs entrées. Pour une des grandes cours intérieures, Gaudí avait même projeté une large rampe d'accès pour les coches; il abandonna cependant ce projet par la suite.

L'aire de construction dépassant largement mille mètres carrés constituait un défi. Certes, elle était enclavée dans les rangées de maisons des deux rues; cependant, du fait de sa situation d'angle de rue, Gaudí conféra au bâtiment le caractère de maison non mitoyenne. Il fit disparaître l'angle à l'arrière plan, l'élimina presque, et créa l'impression d'un immeuble arrondi. C'est ainsi qu'au sens strict, il fit tourner la maison autour des deux rues. Gaudí eut recours à la structure circulaire dans la conception de deux grandes cours intérieures (obligatoires à cause de la lumière). Ici aussi, il créa quelque chose de nouveau.

Ci-dessous: Telle un pied d'éléphant, une des puissantes colonnes déborde sur le trottoir.

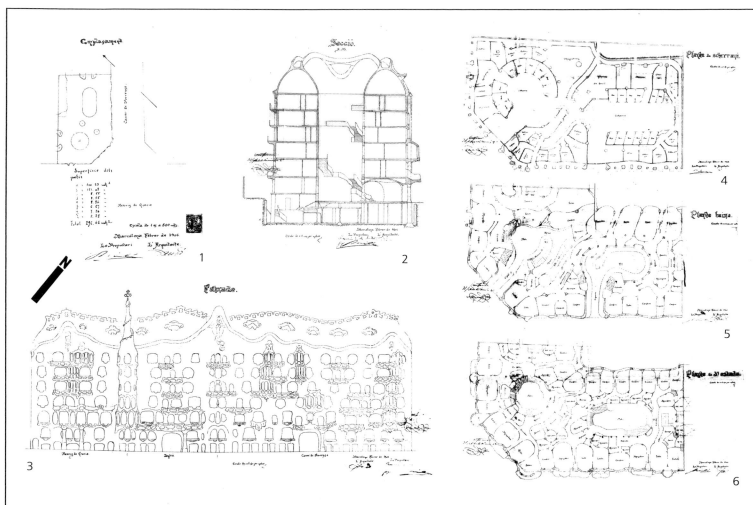

1. Plan initial de l'emplacement (signatures de Gaudí et de Milà)
2. Coupe transversale
3. Façade frontale
4. Plan du sous-sol
5. Plan du rez-de-chaussée
6. Plan du 2e étage
7. Vue et coupe de la façade donnant sur la rue réalisées par Martinell (1967)

0   10m

Presque tous ses bâtiments révèlent une telle innovation qui fréquemment, bien qu'avec quelque retard, fut largement adoptée par l'architecture de Barcelone. Dans la Casa Milà, il remplaça les patios rectilignes habituels par des cours rondes qui s'élargissent vers le haut. Quand on regarde des vues aériennes de cette maison, on a l'impression que ces cours intérieures aspirent tout magiquement, pas seulement la lumière et l'air. Ce sont de gigantesques entonnoirs. Grâce à ces murs obliques au fond de ces puits, Gaudí réussit de plus un parfait éclairage, même de l'étage mansardé. Toutes ces trouvailles servent moins à l'ornementation — elles ont des objectifs d'ordre tout à fait pratique. Là aussi, le bâtiment se distingue de la Casa Batlló. L'importance de la Casa Milà ne réside pas seulement dans le fait qu'on peut déjà y distinguer une synthèse de tous les éléments de la fin de carrière de Gaudí. Dans cette synthèse on retrouve, comme de bien entendu, le fait que Gaudí eut, à plusieurs reprises, maille à partir avec les autorités municipales. Comme dans la Casa Batlló, la façade empiète par une colonne sur le trottoir, cette fois-ci carrément d'un mètre. Il n'était pas question de l'enlever. La ville voulait autoriser la colonne dans la mesure où on supprimerait la partie qui dépasse. Gaudí — apparemment conciliant — accepta, néanmoins à condition qu'il puisse poser à cet endroit une plaque expliquant les raisons de cette mutilation. Sur ce, la ville retira sa plainte. On en vint à un deuxième différend avec la municipalité lorsque Gaudí — une fois de plus — dépassa la hauteur maximale réglementaire. Pendant la durée des travaux on pouvait le prévoir, car, comme cela était devenu entre temps l'habitude chez Gaudí, le bâtiment se modifiait constamment au cours des travaux. Dans ce cas également, Gaudí l'emporta: l'étage mansardé prévu fut réalisé tel quel.

Cependant, un incident qui se produisit pendant les travaux fit que Gaudí se désintéressa de la construction; il la laissa inachevée, bien qu'il ne restât que des travaux de détails. Gaudí avait prévu de mettre sur la façade une série de

dédicaces à la Vierge Marie. Il créa même une niche dans laquelle devait se trouver Marie, auréolée, l'enfant Jésus dans les bras, entourée de deux anges dont l'un adore la Vierge et dont l'autre, épée à la main, défend contre l'ennemi le groupe sacré. Durant les travaux, il y eut à Barcelone contre les ecclésiastiques un soulèvement violent qui fit même des victimes. Durant cette «semana tragica» (du 26 au 30 juillet 1909) de nombreux couvents de la ville furent incendiés. Etant donné l'atmosphère antireligieuse régnant au sein de la population, le propriétaire (et même sa femme très croyante) jugèrent qu'il n'était pas de mise de mettre sur ce bâtiment, qui était déjà en soi assez scandalisant, toute une série de représentations et d'évocations de motifs religieux. Gaudí ne réussit pas imposer sa façon de voir à ce sujet ce qui refroidit considérablement les rapports entre le propriétaire et l'architecte.

Peut-être est-ce aussi bien. Car Gaudí qui avait entre-temps un lien profond avec la religion et intégrait de plus en plus souvent la symbolique religieuse dans ses bâtiments, n'a donc pas pu, dans ce cas, insérer dans la maison des éléments qui auraient mieux convenu à la Sagrada Familia. Sans ces sculptures, la façade extérieure du bâtiment, toute révolutionnaire qu'elle paraisse, est d'un seul bloc sans être pour autant ce «glaçage» auquel on pouvait penser en regardant la Casa Batlló. Gaudí s'est entièrement limité, pour le revêtement extérieur, aux couleurs naturelles de la pierre. La surface ne paraît pas suivre de plan exact. Grâce à des vagues variant constamment, à des courbes saillissantes et à des niches naît une impression globale d'asymétrie «naturelle». Cela a inspiré aux observateurs et critiques de nombreuses comparaisons qui sont toutes cependant inexactes. Pour la population, la maison fut nommée «la Pedrera», la «carrière». Cependant, ce qui rappelle une carrière, c'est tout juste la couleur et la surface de la façade. Si on regarde la maison d'en haut, on croirait reconnaître les lignes de vagues marines; pourtant la ligne des vagues est beaucoup trop lisse et harmonieuse pour une telle association. La Casa Milà ne soutient aucune comparaison, si ce n'est avec des parties de l'œuvre même de Gaudí. C'est ainsi qu'on peut se rappeler le long banc sinuant interminablement dans le parc Güell qui trouve un pendant dans la ligne ondoyante terminant le toit de la Casa Milà; cette ligne, quant à elle, reprend la ligne des étages inférieurs.

Rien dans cette maison n'est de forme identique. Les plans des différents étages ne se ressemblent pas. Une structure spatiale aussi variée n'était possible à Gaudí que parce qu'il renonçait largement, comme il avait déjà commencé à le faire dans ses bâtiments antérieurs, aux murs de soutènement. Dans tout le complexe de la Casa Milà, il n'en existe pas un. Tout repose sur d'innombrables colonnes et piliers. La forme ondoyante de la façade se reflète dans le fait que les pièces sont de hauteurs différentes.

L'ensemble est moins une maison que plutôt une gigantesque sculpture modelée à la main dans un matériau mou. Plutôt qu'avec des comparaisons avec la nature, c'est avec une série d'associations formelles qu'on peut définir ce bâtiment car Gaudí était fasciné en premier lieu par la forme plastique. «On a l'impression que les formes de cette maison insolite ont poussé de l'intérieur, se sont étirées, tassées et soudées en une unité. Intérieur et extérieur, concavité et convexité, ensemble et détails, murs et toits forment un tout indivisible traversé d'un rythme égal. Ce qu'on désigne ordinairement du nom de façade s'étale verticalement en vastes surfaces; ce qui d'habitude n'est qu'une fenêtre, devient l'échancrure d'un trou; et ce qui jusqu'à l'époque moderne passait

Cheminées de formes diverses. C'est en elles que l'on découvre, de la façon la plus nette, toute l'originalité du style de Gaudí.

pour un toit devient sur le plan horizontal un paysage animé» (Josef Wiedemann).

La diversité harmonieuse de la façade correspond à l'aménagement des pièces intérieures. On n'y trouve aucune ligne droite; tout paraît avoir été modelé, sculpté. Les voûtes et les creux accrochent la lumière dans une alternance de clair et d'obscur. Dans cette maison, on va de surprise en surprise; même les réminiscences austères du Colegio Teresiano dans les appartements mansardés soutenus par des arcs blancs s'insèrent parfaitement dans cette maison. Sur le toit est né, à partir des nombreuses cheminées et bouches d'aération, un paysage comique d'œuvres sculptées aux allures surréalistes qui réapparaîtront plus tard dans l'histoire de l'art plastique — mais dans la sculpture et non dans l'archictecture car la Casa Milà de Gaudí est restée unique.

Elle est aussi surtout restée longtemps mal comprise. On vit presque inévitablement en apparaître d'innombrables parodies. Mais cela révèle en même temps que cet édifice, en dépit de toutes les railleries qu'il devait supporter, exerçait tout de même une certaine fascination sur les contemporains — une fascination qui n'était malheureusement fondée d'ailleurs que sur des détails extérieurs. On oublia par là que Gaudí, pour cette maison, s'est aussi toujours orienté en fonction de réflexions d'ordre pratique qui devinrent riches d'avenir; on en trouve un exemple dans son esquisse de projet d'un garage souterrain au sous-sol.

Sagrada Familia

1883-1926

Si des tas de pierres, des échaffaudages et
d'immenses grues ne faisaient pas partie des acces-
soires permanents de l'église, on pourrait se sentir
tenté d'aller jusqu'au portail principal et de pénétrer dans la maison de Dieu. Vu de l'est, ce puissant édifice a l'air d'être terminé — une église
d'inspiration gothique et pourtant tout à fait un
ouvrage de notre siècle, néanmoins aussi un
ouvrage de tout un siècle. C'est il y plus de cent
ans que Gaudí a accepté la direction des travaux et
maintenant — des décennies après sa mort — on
n'a toujours rien de plus que des ébauches de murs
externes. Le portail principal se fera attendre encore
longtemps. Sa façade n'est pas encore
commencée.

Si jamais cette église devait être terminée un jour,
elle devrait dépasser toutes les dimensions connues
et le premier service religieux résonnera comme les
légions célestes : les galeries peuvent accueillir 1500
chanteurs, 700 enfants et cinq orgues. Mais pour le
moment une telle vision reste chimérique.

Page 191 : Vue générale de la façade est. L'apside se trouve sur le côté droit.

Page 194 : Partie centrale de la façade est. Les quatre clochers sont dédiés à Saint Barnabé, Saint Pierre, Saint Jude Thaddée et Saint Matthieu. A l'arrière plan, on peut voir les clochers de la façade de la Passion.

Page 195 : Groupe de clochers de la façade est comportant l'inscription «Sanctus, Sanctus, Sanctus».

Il devrait être impossible de trouver, dans l'histoire de l'art, quelque chose de comparable à la construction de cette église. Si en général, à propos d'artistes, il est possible de voir dans un ouvrage (souvent le dernier) le couronnement de leur œuvre, dans le cas de Gaudí, cela est impossible. Son ouvrage principal est en même temps l'ouvrage de sa vie. La Sagrada Familia jalonne toute la vie de Gaudí. Mais il faut dire qu'en novembre 1883, lorsque Gaudí, âgé de trente-et-un ans, accepta la direction des travaux, personne encore ne s'y attendait, et certes Gaudí moins que quiconque. Il a semblé avoir été longtemps rempli d'espoir en ce qui concerne la fin des travaux. En 1886 encore, il pensait pouvoir terminer la Sagrada Familia en dix ans à condition de disposer de 360 000 pesetas par an. Mais il n'était justement pas évident que les conditions financières fussent remplies. En effet, l'église était conçue comme une église expiatoire et ne devait être construite qu'à partir exclusivement d'aumônes et de dons ce qui, durant la première guerre mondiale, causa de considérables retards : Gaudí en personne alla faire du porte à porte.

Mais, si en 1906, l'église était loin d'être terminée — on en était à la moitié de la construction d'une (!) des trois façades principales — cela était dû aussi au mode de travail de Gaudí. Lorsqu'il prit la direction des travaux, il était probablement motivé en premier lieu par des préoccupations professionnelles. C'était son premier projet d'envergure ; il s'était depuis un certain temps intéressé aux édifices religieux ; mais à cette époque, il était sentimentalement sceptique à l'égard de l'Eglise. Il ressentait également un certain scepticisme à l'égard des plans de Villar. Il ne voulait pas poursuivre les débuts austèrement gothiques de ce dernier. Néanmoins, les travaux de fondations pour la crypte sur laquelle devait s'élever l'apside étaient déjà terminés ; les colonnes de la crypte avaient même déjà atteint une hauteur considérable. Gaudí aurait préféré donner à l'axe de tout le bâtiment une autre direction, mais il était obligé de se tenir aux fragments existants de l'édifice. Les colonnes réalisées par Villar ne lui plaisaient pas non plus. Mais il se retint de faire des modifications. Certes, un moment il eut l'intention d'ajouter, aux colonnes de Villar, d'autres de sa conception, mais il convint que cela provoquerait une «querelle de clochers» absurde à propos de colonnes. Aussi ce n'est que fragmentairement que la crypte porte la signature de Gaudí. Cependant, il élargit les fenêtres en œils-de-bœuf de Villar et poussa en hauteur les arcs afin que la salle parût plus claire et moins pesante que dans le plan de Villar.

C'est avec l'apside construite sur la crypte que commence à proprement parler le travail de Gaudí. Si l'art gothique resta toujours la source d'inspiration, Gaudí l'épura de toutes formes superflues. Certes, il conserva la fenêtre gothique, mais il l'allégea en la contrebalançant par différents éléments circulaires. Sept chapelles rayonnent autour de l'autel qui, ne serait-ce que par là, se retrouve au centre de l'intérêt. De plus, il est dépouillé de cette abondance de décoration, habituelle depuis des siècles, sous laquelle, dans mainte église, l'autel disparaît presque complètement. On voit déjà ici combien Gaudí tenait compte des fonctions religieuses d'une église. Il étudia durant son travail à la Sagrada Familia non seulement l'architecture des édifices religieux mais aussi continuellement la liturgie.

Cependant, il n'y a pas que la prise en compte des premiers travaux de l'architecte précédent qui retardèrent la construction. C'est le procédé même de Gaudí qui en était le principal responsable. Gaudí construisait moins en suivant un plan définitif, il créait plutôt au fur et à mesure de la construction. Dans aucun autre bâtiment, on ne peut mieux s'en rendre compte que dans la

1

2

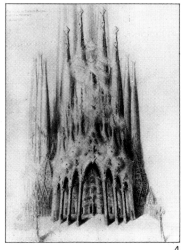

3

4

5

6

7

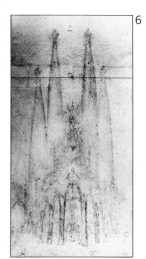

1. Vue générale de la cathédrale (esquisse de Gaudí)
2. Vue générale de la cathédrale (dessin de Rubió)
3. et 4. Dessins de la façade par Matamala
5. Vue générale de la cathédrale (dessin de Matamala)
6. et 7. Esquisse de la façade (probablement de Gaudí)

Pages 196/197: Différents groupes de sculptures comme le couronnement de la Vierge et des anges soufflant de la trompette au portail de l'Amour sur la façade est.

Sagrada Familia. Il est caractéristique que ses premiers dessins ne fournissent aucune information sur la construction. Ils transmettent, tout au plus, une impression générale du complexe prévu; ce sont pour ainsi dire des images d'atmosphère.

On trouve un bon exemple de cette façon de construire de Gaudí, qui se modifie constamment, suit toujours de nouvelles découvertes, dans la réalisation ou plutôt dans l'évolution des clochers, ces emblèmes de l'église, si ce n'est même, de la ville de Barcelone. La maquette prévoyait douze clochers, quatre sur chacune des trois façades principales. Gaudí a commencé par les faire rectangulaires; ils servaient de cadre au trois portails qui ornaient chacune de ces façades. Cependant, on s'est vite rendu compte que ces clochers en formes de colonnes allaient s'élever au-dessus des portails en pointes trop aigües. Cela déplaisait à Gaudí, et c'est ainsi qu'il a décidé de les faire ronds. Le résultat est fascinant. Certes les clochers s'amincissent vers le haut, mais ils n'ont rien de commun avec les tours pointues du gothique historique. Gaudí eut plutôt recours à une innovation formelle qu'il avait déjà appliquée avec succès dans le Colegio Teresiano. Il dessina les clochers par rotation d'arcs elliptiques. C'est ainsi que la structure de cette façade tend à s'étirer en hauteur. Les portails poussant leur pointe vers le haut provoquent, comme dans les cathédrales gothiques, la même impression, quoique, comme les fenêtres de l'apside, ils paraissent adoucis par une intégration d'éléments circulaires; de plus, la série de fenêtres montant en spirale autour des clochers paraît aspirer avec elle l'observateur. Cependant, cette vertigineuse ascension est freinée par le couronnement arrondi des clochers. En outre, Gaudí a terminé ses clochers par un chapiteau qui met fin à tout mouvement ascendant. Vus de loin, ces chapiteaux ressemblent à de gigantesques mitres. En effet, Gaudí voulait à travers ces clochers dont chacun symbolise un des douze apôtres faire référence à l'histoire de la chrétienté. De même que les apôtres sont devenus des évêques, les douze clochers se terminent par une espèce de mitre et chacun des clochers dans son ensemble ressemble à une crosse épiscopale.

Ceci traduit bien un aspect caractéristique de cette église. Si le dessin des portails et des clochers peut, au premier abord, paraître pure architecture — étonnamment créatrice, mais aussi techniquement judicieuse — chaque élément de cette église remplit en même temps une deuxième fonction, une fonction symbolique, peut-être beaucoup plus importante pour Gaudí. Il est tout à fait courant de trouver sur les cathédrales des représentations de scènes bibliques en tant qu'«illustration» didactique. La Sagrada Familia en possède également, cependant dans une abondance fort peu commune. Gaudí ne voulait pas seulement construire une maison de Dieu, un lieu de réunion pour honorer Dieu; il pensait plutôt à un catéchisme en pierre, à un «livre» monumental que l'observateur pourrait «lire». Cela s'exprime dans une tendance permanente à l'utilisation de la symbolique. Les douze clochers n'en sont qu'un exemple faible parce que traditionnel. Mais néanmoins, ils renvoient à une caractéristique structurale essentielle. Gaudí se représentait l'Eglise comme le corps mystique du Christ. Le centre est le Christ lui-même, représenté à l'intérieur par l'autel. Le Christ est cependant surtout la tête de ce corps — symbolisée par le clocher principal de la cathédrale qui, par l'intermédiaire d'une grande croix au sommet doit rappeler la Rédemption du Christ. Les douze clochers qui surplombent les façades correspondent à la chrétienté toute entière représentée par les apôtres.

Certes, on doit compléter tout cela par l'imagination. Gaudí lui-même n'a

Ci-dessous: Etat des travaux en 1889, 1895 et 1899 (de haut en bas)

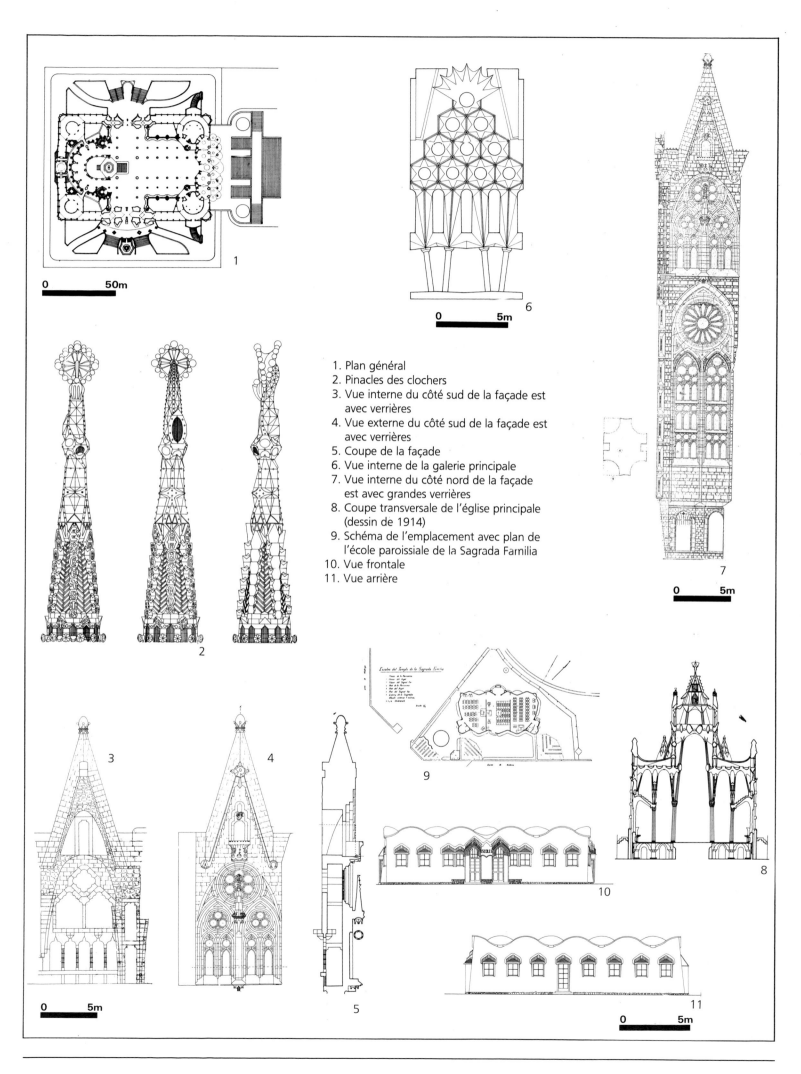

1. Plan général
2. Pinacles des clochers
3. Vue interne du côté sud de la façade est avec verrières
4. Vue externe du côté sud de la façade est avec verrières
5. Coupe de la façade
6. Vue interne de la galerie principale
7. Vue interne du côté nord de la façade est avec grandes verrières
8. Coupe transversale de l'église principale (dessin de 1914)
9. Schéma de l'emplacement avec plan de l'école paroissiale de la Sagrada Farnilia
10. Vue frontale
11. Vue arrière

Représentations sur le portail de l'Amour: couronnement de la Vierge (à gauche). Anges sans ailes jouant de la trompette. Gaudí ne voulait pas représenter les anges en leur mettant des ailes mais exprimer leur nature d'une autre façon car il pensait que, de toutes façons, ils n'auraient pas pu voler avec ces ailes (à droite).

pas terminé l'apside. La façade par laquelle il commença les travaux est restée inachevée. Lors de la mort de Gaudí, il n'y avait que trois des quatre clochers de terminés. Des trois façades prévues, il n'y a que la façade est qui ait été construite en grande partie par lui. Le reste n'existe que sous forme de plan et de maquette en plâtre moulé (qui à vrai dire a été détruite pendant la Guerre Civile dans un incendie et dut plus tard être refaite). Mais c'est justement la conception de ces façades qui révèle l'essentiel des idées de Gaudí. Chacune des façades est dédiée à un aspect de l'action du Christ. Dans des représentations et évocations réalistes et symboliques, le Christ apparaît en tant qu'homme sur la terre, Sauveur de l'humanité et juge tout puissant au Jugement dernier. Pourtant Gaudí ne put représenter que l'épisode terrestre de la vie du Christ. Le fait qu'il ait commencé par la façade orientale, la «façade de noël» a, à vrai dire, des raisons thématiques. Des amis et conseillers ont voulu pousser Gaudí à commencer par la façade ouest. Elle aurait attiré l'attention de la population plutôt que le côté est, à l'époque détourné de la ville. Mais le côté ouest était dédié, selon les plans de Gaudí, à la Passion du Christ. Selon Gaudí, si on avait commencé par là, cela aurait plutôt effrayé les gens, ce en quoi il doit avoir eu raison. Conformément au thème plutôt triste, pessimiste de cette façade, on n'y trouve aucune décoration; c'est ainsi que que les formes rudes et grossières y sont prédominantes. En revanche, pour le récit de la vie du Christ, Gaudí pouvait choisir des formes facilement compréhensibles. La fuite en Egypte a été dessinée par Gaudí avec beaucoup d'espoir en l'avenir. Jean Baptiste et ses prophéties et Jésus qui explique aux docteurs de la loi le véritable sens de

Représentation de l'Annonciation à Marie sur le portail de l'Amour (à gauche). Le massacre des enfants par Hérode sur le portail de l'Espérance (à droite).

l'Ecriture, tout cela est représenté dans des scènes simples, presque naïves dans les innombrables niches de cette façade presque comme dans une crèche vivante. A cela, il faut ajouter le nom des trois portails. Au centre se trouve le portail de l'Amour, le plus grand des trois avec la représentation de la Nativité comme avec le symbole de l'amour, le pélican. A gauche de celui-ci, on peut voir le portail de l'Espérance qui représente aussi les deux événements cruels de l'enfance de Jésus : le massacre des enfants par Hérode et la fuite en Egypte. Finalement, à gauche du portail principal, le portail de la Foi avec les scènes correspondantes de la Bible comme la Révélation. Que ces motifs optimistes soient justement intégrés à la façade est a une raison symbolique : «Ex oriente lux» (c'est de l'orient que vient la lumière, le Salut), alors que l'histoire des souffrances est représentée sur le côté opposé à l'ouest (le côté où le soleil se couche). La lumière qui joue un si grand rôle dans les bâtiments profanes de Gaudí trouve ici, dans une large mesure, une application symbolique. Cela vaut aussi bien pour l'orientation des portails principaux que pour l'utilisation de l'éclairage. Le clocher principal, devant tout surplomber selon les plans, symbolise le Christ et devait être éclairé la nuit par des projecteurs lumineux à partir des douze «clochers d'apôtres». En même temps, à partir de la croix qui terminait, selon les plans, le clocher principal, de puissants projecteurs devaient illuminer la ville, l'humanité et exprimer clairement les paroles du Christ: «Je suis la lumière».

On rencontre aussi l'expression symbolique dans le choix des couleurs. C'est ainsi, par exemple, que Gaudí voyait la couleur verte sur le portail de l'Espérance. D'une manière générale, la façade orientale aux thèmes plutôt heureux devait être claire et bariolée tandis que Gaudí voulait laisser la façade de la Passion dans des couleurs sombres. En aucun cas, il ne voulait garder à la pierre sa couleur naturelle. Gaudí détestait la monochromie; il la ressentait comme contre nature. La nature, prêchait-il souvent, ne montre nulle part de monochromie mais la polychromie parfaite. Il y avait toujours, selon lui, un contraste de couleur plus ou moins net. Pour Gaudí qui, au cours de sa vie, se sentit de plus en plus attiré vers sa maîtresse la Nature, il en résultait que justement pour l'architecte, c'était une nécessité de réaliser tous les éléments de l'architecture entièrement ou au moins en partie en couleurs. L'application de couleurs reste assurément — au moins pour le moment — un rêve lointain, tout comme la façade qui est peut-être la plus importante, la façade de la Gloire au sud qui devait être accessible par un vaste escalier extérieur. Le motif devait en être la mort et l'enfer, le péché et le dur travail qui en résultait dans la vie quotidienne de l'homme et finalement le Credo qui représente le premier pas vers le Salut. Le Credo, comme c'est souvent le cas chez Gaudí, n'apparaîtra pas transposé en images mais sous formes d'inscriptions. Il doit clignoter entre les clochers en lettres lumineuses. On trouve cela déjà dans les parties achevées de l'église; sur les clochers de la façade orientale, au millieu des ouvertures des clochers qui conduisent le regard le long d'une spirale ascendante, on peut lire «Sanctus, Sanctus, Sanctus» — véritable cri d'allégresse de l'ascension vers le ciel. Gaudì a toujours affectionné les lettres; il a même intégré des mots entiers dans ses édifices, avec la plus grande fréquence dans le parc Güell. Dans la Sagrada Familia, les lettres ont la plupart du temps une fonction symbolique, elles doivent constamment faire allusion au message essentiel de cette église qui est plus qu'une simple maison de Dieu; à vrai dire, elle ne diffère pas d'un objet d'art, d'une composition plastique. Souvent, on ne sait pas où commence une statue et où finit une autre. Comme dans la façade de la Casa Milà, la façade de la Sagrada Familia paraît moins être construite en pierres; on a plutôt l'impression qu'un sculpteur s'est mis ici à l'ouvrage et qu'il a modelé de ses doigts dans un matériau tendre — argile ou cire — de nombreux ornements encadrant ou coiffant chacune des scènes bibliques.

Les lettres soulignent le message de ces scènes. On retrouve sans arrêt dans les fenêtres de l'abside des anagrammes de Jésus, de Marie et de Joseph. A

Page 202: Marie et Joseph en adoration devant l'Enfant Jésus. Scène sur le portail de l'Amour sur la façade est.

Ci-dessous: Sculpture d'un escargot (à gauche). Socle d'une colonne près du portail de l'Amour. Il représente une tortue (à droite).

Page 205: A l'avant-plan de cette scène du portail de la Foi, on peut voir Jésus en charpentier.

Pages 206/207: Clochers dans l'apside et autel provisoire. La crypte souterraine est déjà terminée.

la différence de la plupart des représentations bibliques, Joseph prend ici une place prédominante. Ceci est fort compréhensible car c'est l'«Asociación Espiritual de Devotos de San José» qui avait été à l'origine de la construction de l'église. La chapelle principale dans la crypte lui est dédiée, son portrait figure dans le portail principal de la façade orientale. Les abeilles apparaissant fréquemment peuvent être interprétées comme le symbole du zèle de cet ouvrier. Mais il y a des signes encore plus évidents de l'exaltation dont Saint Joseph fait l'objet dans cette église. Ses outils sont représentés à maintes reprises. Une grande sculpture montre Jésus exerçant la profession de son «père adoptif», le ciseau à la main. Dans la scène dans laquelle Marie et Joseph cherchent leur fils qui se trouve à la synagogue auprès des docteurs de la loi, c'est Joseph qui, chez Gaudí, marche le premier, contrairement aux représentations habituelles dans lesquelles c'est Marie qui mène la recherche. Finalement, Joseph est aussi représenté comme le patron de l'Église: il se tient au gouvernail, et dirige le bateau (l'Église) à travers les dangers.

Mais derrière tous ces contenus et allusions symboliques qui font de l'église — ou du moins des façades — pratiquement une «image» d'une grande expressivité, on ne doit certes pas oublier le grand architecte qu'est Gaudí. L'abondante décoration de la façade orientale masque légèrement que Gaudí a réussi dans la Sagrada Familia une construction imposante par son architectonie. Elle montre combien sous son attachement à la tradition, réapparaît sans cesse son style personnel. Le plan suit dans l'essentiel les grands modèles de l'art gothique: la Sagrada Familia a été conçue comme une basilique à cinq nefs et un transept composé de trois nefs (les trois portails sur chacune des façades est et ouest sont les accès à ces trois transepts). Le plan est donc en forme de croix. La nef principale devait avoir, apside comprise, une longueur de 95 mètres, le transept de 60 mètres. En gros, cela correspond à la cathédrale de Cologne (au sujet de laquelle Gaudí a émis un jugement positif). Mais de telles

Ci-dessous: Scène de la fuite en Egypte sur le portail de la Foi, ouvrage de Lorenzo Matamala (à gauche). Sculpture près du portail de la Foi montrant des animaux domestiques et des plantes de la Terre sainte (à droite).

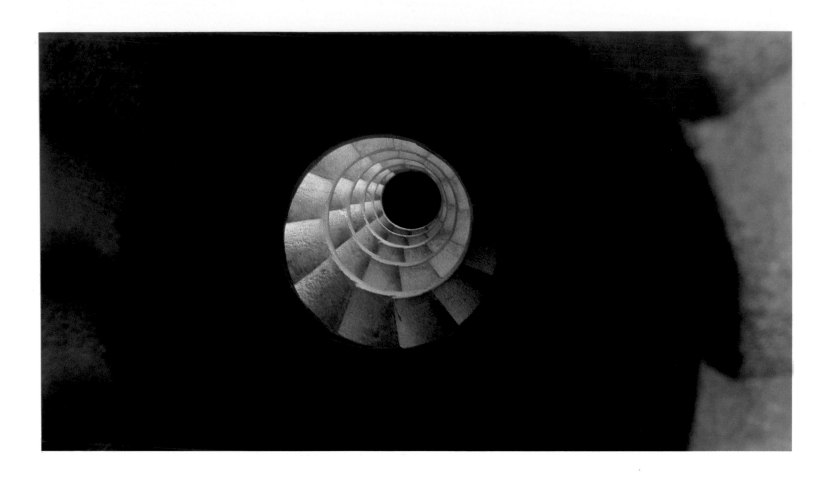

Vue d'en bas dans l'escalier en colimaçon du clocher. Au milieu de la spirale, on avait laissé un espace vide pour une cloche cylindrique.

dimensions soulèvent des problèmes techniques de construction. La cathédrale de Cologne possède d'immenses piliers et arcs-boutants, ces «béquilles» que condamnait Gaudí dans l'art gothique. Il s'en tire sans ces prothèses. La Sagrada Familia est le meilleur exemple de la découverte fondamentale de Gaudí que la combinaison d'arcs elliptiques et de piliers obliques peut soutenir aussi l'énorme pression d'une grande voûte. A plus petite échelle, il l'avait déjà montré dans le Colegio Teresiano et dans le manège du domaine Güell, et même, à vrai dire, dès son premier projet dans le hall de fabrique de Mataró. Dans la Sagrada Familia, il combina ce principe d'architecture avec les connaissances qu'il avait tirées de l'observation de la nature. Pour ce qui est de la capacité de soutènement, l'arbre d'eucalyptus constituait son modèle. Aussi n'est-ce pas étonnant si le dessin des colonnes de la nef principale de la Sagrada Familia ressemble à une forêt en pierre. On a l'impression que les colonnes obliques ne pourraient à vrai dire pas supporter la poussée venant d'en haut; et pourtant il est prouvé que les constructions de Gaudí tiennent. Le travail gâché de son successeur pour le palais épiscopal d'Astorga a montré quelles étaient les conséquences lorsqu'on ne suivait pas les dessins de Gaudí étudiés minutieusement et expérimentés à l'aide de maquettes.

Son dessin original pour les colonnes a, de plus, un étonnant effet secondaire. Les nefs d'églises construites de la sorte paraissent d'une légèreté céleste. On a l'impression que les colonnes n'ont aucune charge à supporter. Gaudí lui-même disait que dans son architecture le contraste classique entre pression et soutènement avait été aboli. Une colonne de la façade orientale représente l'illustration de cette formule théorique : Gaudí donna au socle de la colonne la forme de deux grandes tortues. La colonne paraît pousser de la carapace, autrement dit, s'étirer vers le haut, bien qu'elle doive au contraire écraser l'animal. Il est rare qu'une théorie architectonique trouve si bonne illustration.

Certes, on peut manifester un certain scepticisme quant aux performances de Gaudí en tant que dessinateur de plan. Il n'est guère d'architecte à s'être plus occupé des travaux à exécuter sur le chantier que Gaudí. Durant les dernières années de sa vie, il a même habité son petit atelier sur le chantier. On le rencontrait partout, il se souciait des moindres problèmes techniques. Leurs solutions lui étaient aussi évidentes que celles de problèmes d'envergure. Certes, il a laissé des maquettes montrant comment il se représentait l'église terminée, mais il est pourtant peu certain que, sans lui, on puisse un jour l'achever.

Même un ami de Gaudí, Cesar Martinell, s'est prononcé avec un certain scepticisme, toutefois mêlé d'humour, sur ce sujet: l'église serait caractérisée par son inachèvement, a-t-il dit, ce qui était plus que de l'optimisme car finalement Gaudí n'avait réalisé aucune de ses façades. Son achèvement n'était même pas une pâle lueur à l'horizon.

Martinell n'exagère pas par là. La continuation des travaux après la mort de Gaudí le prouve bien. Certes, aujourd'hui, la façade est achevée, cependant on est encore loin de pouvoir parler d'une église. Depuis, la façade ouest a pris forme également à partir des plans et dessins de Gaudí. Cependant les travaux ont bien pris les trois dernières décennies. On ne cesse d'inaugurer un nouveau petit fragment. C'est alors qu'on peut se demander s'il faut vraiment poursuivre les travaux de cette église. Déjà du vivant de Gaudí, l'église avait ses critiques; cependant l'architecte avait sa vision devant les yeux et il pouvait encore convaincre ses détracteurs. De nos jours, il faut faire cela sans Gaudí. Contre la poursuite des travaux, on peut avancer, outre les frais immenses (en 1914 déjà, alors que Gaudí en était à la moitié de son travail, trois millions de pesetas avaient déjà été englouties), le fait qu'il existe un bon nombre d'ouvrages inachevés de Gaudí. Oui, c'est presque un trait caractéristique, chez cet architecte, de ne pas achever complètement ses bâtiments. Cependant, on peut y opposer la phrase de Gaudí selon laquelle la Sagrada Familia serait la première d'une

Pages 210/211: Face interne de la façade est (page 210). Partie supérieure des clochers de la façade est portant l'inscription «Hosanna in Excelsis» (page 211, en haut à gauche). Face interne de la façade est (page 211, en haut à droite). Vue d'en bas sur la façade (page 211, en bas).

Vue vertigineuse d'en haut sur l'escalier en colimaçon du clocher.

Exemple de la puissance d'imagination de Gaudí lors de la réalisation de pointes de clochers.

série de toutes nouvelles cathédrales. Ceci constitue une obligation — d'autant plus que la Sagrada Familia est devenue depuis longtemps un emblème de Barcelone. Déjà, dès que les clochers s'élevaient peu à peu et prenaient forme, les habitants de la ville s'identifièrent à «leur» église. La ville est dominée par les clochers (les deux tours du milieu dépassent 100 mètres; la tour principale doit s'élever à 170 mètres). Et finalement par son travail, Gaudí s'est consciemment inscrit dans la grande tradition des bâtisseurs de cathédrales du Moyen Age : celles-ci aussi ne furent pas construites que par un seul architecte, elles étaient l'ouvrage de générations entières. Gaudí a laissé à sa ville un legs qui n'est pas sans problèmes.

Cependant, cet état fragmentaire de l'église a un avantage. C'est grâce à lui que nous possédons encore une autre petite merveille signée Gaudí : l'église devait être le centre d'une petite cité; elle devait être entourée d'ateliers et d'écoles. Une école paroissiale fut réalisée. Selon la décision de Gaudí, elle devait être démolie dès qu'on aurait besoin de l'emplacement pour la construc-

tion de la nef principale. Le fait que l'école existe encore en dit long sur l'état de l'avancement des travaux. Extérieurement, ce bâtiment n'a pas beaucoup de mine; cependant il n'est pas sans attrait. Il montre surtout l'esprit pratique de Gaudí. La façade et le toit rappellent un peu la Casa Milà. Le bâtiment scolaire possède aussi des surfaces aux ondulations organiques. Mais outre l'attrait purement esthétique, cela avait surtout des avantages pratiques. Gaudí a construit l'école avec les matériaux les plus simples, avec les briques qu'il affectionnait tant. Grâce à la structure ondoyante, la capacité de soutien de la façade est renforcée; de même le toit ondulant en courbe sinusoïdales à déjà un certain maintien en soi. Le Corbusier était si enthousiasmé par cette construction qu'il en a tout de suite dessiné une esquisse. Grâce à deux parois intérieures qui n'ont pas de fonction de soutènement, le bâtiment est divisé en trois classes. Ces parois peuvent, en cas de besoin, et sans grandes difficultés être disposées autrement. Sa fonctionnalité fait de ce bâtiment si modeste d'allure un petit chef-d'œuvre.

Cette partie supérieure du portail de l'Amour représente un cyprès. Cet arbre est, du fait de son bois dur et de ses branches toujours vertes, symbole d'éternité (à gauche). Pointe d'un clocher sur la façade est (à droite).

Pages 214/215: Bâtiment de l'école intégrée à la Sagrada Familia.

Autres ouvrages

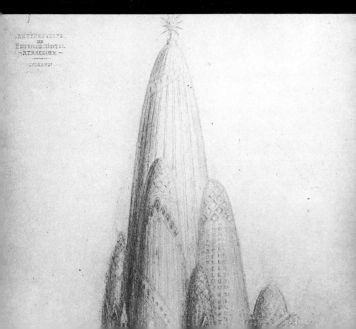

Page 217: (du haut à gauche en bas à droite): Portail d'accès à la Finca Miralles. Cathédrale de Majorque. Palais épiscopal d'Astorga. Casa de los Botines. Esquisse pour la construction d'un hôtel à New York. Bodegas Güell.

Ci-dessous: Portail d'accès à la Finca Miralles dans le Passeig de Manuel Girona.

La Finca Miralles

Tandis qu'il construisait son premier grand immeuble locatif — la Casa Calvet — Gaudí accepta, à côté, deux commandes d'importance moindre. Seule une porte qu'il créa pour la future maison de son ami, le fabricant Hermenegild Miralles est digne d'intérêt surtout parce qu'elle offre un rare contraste avec la Casa Calvet de conception plutôt austère. Elle renvoie à bien des égards au monde formel que Gaudí va développer dans ses derniers bâtiments profanes, la Casa Batlló et surtout la Casa Milà.

Quand on est en face de cette construction — il est difficile de lui trouver un nom — on ne peut s'empêcher de se demander comment elle tient debout.

Le mur s'élève depuis le sol, un peu comme un grotesque coquillage, en différentes sinuosités. Les contours extérieurs de la porte suivent la forme de l'arc
de l'entrée même mais, du côté droit, les lignes prennent leur indépendance
pour créer une sorte de colonne dans laquelle on devait intégrer un blason et
une porte de barres de fer. Cette création aurait pu, quelques décennies plus
tard, être signée Salvador Dali. Il n'est pas rare de trouver chez Gaudí de tels
signes précurseurs du surréalisme. Pourtant, comme s'il voulait cacher son imagination formelle, il construisit, au dessus de cette porte en coquillage, à partir
de pierres naturelles, un toit à l'avancée anguleuse, dont la construction de soutènement est bien visible — une caractéristique extrêmement rare chez Gaudí.
Le triangle saillant de cette auvent constitue également une exception chez lui.
On verrait bien cette construction en tant que porte d'entrée de la Casa Milà;
Gaudí devançait ici sa propre évolution. A l'origine le portail était intégré dans
le mur d'enceinte. De nos jours, il se dresse isolé au millieu d'un quartier nouvel-
lement bâti qui doit s'étendre encore. C'est pourquoi il est question de l'ôter
de cet endroit pour le placer dans le parc Güell.

*Mur à l'entrée de la Finca Miralles. Le revête-
ment du mur rappelle le mouvement
ondoyant d'un serpent de mer.*

L'évêque Campins i Barceló qui ordonna la restauration de la cathédrale.

La cathédrale de Palma

C'est sur le chantier de la Sagrada Familia qu'un évêque, encore relativement jeune, Campins i Barceló de Palma de Majorque avait rencontré pour la première fois Gaudí; c'était en 1899. Il s'entretint trois heures durant avec l'architecte et fut fasciné moins par les aptitudes purement architectoniques de ce dernier que plutôt par les vastes connaissances qu'avait Gaudí de la liturgie. Elles étaient les résultats de ses longues conversations à la table de l'évêque d'Astorga. Campins avait de grands projets; il voulait rénover l'intérieur de sa cathédrale ou plutôt la libérer de modifications qui y avaient été faites au cours des siècles; autrement dit, il voulait rapprocher la cathédrale de son caractère initial. Lorsque, quelques années après sa visite à Barcelone, il visita plusieurs cathédrales gothiques au cours d'un voyage, il rencontra une fois de plus Gaudí et lui confia ses projets; le chapitre épiscopal avait déjà donné son consentement.

Gaudí doit avoir été immédiatement fasciné par ce projet qui avait aussi les allures d'un grand défi. Pour l'essentiel, il s'agissait de la recomposition de toute la nef centrale. Les stalles se trouvaient contrairement à tous les usages gothiques au centre de l'église, dans la nef centrale, et ce, bien que la cathédrale de Palma soit un chef-d'œuvre du style gothique catalan. On n'aurait pas pu trouver de meilleur expert que Gaudí. Certes, du temps d'Astorga il avait fait de mauvaises expériences avec le chapitre — une expérience qui devait se répéter à Palma. En 1902, Gaudí se rendit à Palma pour étudier les lieux et ébaucha aussitôt toute une série de plans. Au centre, on y trouvait le transfert du chœur de la nef principale dans le chevet. Cela correspondait aux modèles historiques mais n'était pas une petite tâche bien que vers la fin du 18e siècle, on eût déjà réalisé quelque chose de semblable dans l'église Santa Maria del Mar à Barcelone. Gaudí avait donc des modèles. Cependant, son travail ne se limitait pas à dégager la nef centrale qui devait alors être réservée aux croyants. Par le transfert d'un élément architectonique essentiel et éminent, c'est toute la composition de l'espace intérieur qui fut bouleversée. Gaudí agrandit vers l'avant le chevet et essaya, de plus, d'élargir l'impression d'espace en revêtant le mur du fond de l'apside de carreaux de céramique d'un éclat métallique. Il suivait en cela ses conceptions personnelles d'une polychromie naturelle mais se heurta aux protestations du chapitre. Il n'y eut que l'évêque Campins pour le soutenir. Le cas Astorga se répétait presque identiquement. Le chapitre s'imaginait une restauration de l'état ancien, Gaudí en revanche plutôt une «réforme» allant dans le sens de la cathédrale. Il ôta l'autel baroque du dix-huitième siècle et dégagea donc — avec l'assentiment du chapitre — l'ancien autel gothique qui avait été inauguré en 1346.

En enlevant de la nef principale les stalles, Gaudí obtint surtout une plus grande transparence de volume. A l'aide de lampes et de baldaquins, il modifia l'aspect historique de la cathédrale. Sa refonte du chœur est remarquable. Un baldaquin heptagonal devait remplacer le baldaquin carré. Gaudí projetait un jeu complexe d'allusions symboliques: le nombre 7 des angles fait allusion aux sept dons spirituels; 50 lampes (7 x 7 + 1) devaient évoquer la Pentecôte. A cela s'ajoutaient des sculptures du Christ en croix, de Marie et de Saint Jean qui devaient faire allusion à la Rédemption. Gaudí avait conçu un éclairage somptueux à partir de lumière électrique et de vitres colorées. En ce sens, il n'y a qu'un côté du baldaquin de réalisé. Peut-être a-t-on voulu poursuivre l'ouvrage, seulement les difficultés avec le chapitre augmentaient. L'idée de Gaudí de refondre l'église dans le sens de sa mission sacrée allait trop loin pour les ecclésiastiques; Gaudí avait trop de génie créateur. S'il avait terminé son ouvrage, il aurait imprimé sans aucun doute la marque de son style à l'église — certainement pas au désavantage de la cathédrale. Mais on n'en resta qu'à de petites touches de son art. Or il avait encore dans la tête d'innombrables réalisations plastiques sous forme de sculptures; on voit ici percer de façon évidente le travail dans la Sagrada Familia.

En 1914, Gaudí abandonna son travail dans la cathédrale. Peut-être les expériences de Palma ont-elles joué un rôle dans sa détermination de ne plus désormais accepter d'autres commandes et de consacrer toute son énergie à la Sagrada Familia. Il remarqua sans doute aussi dans l'exemple de la cathédrale combien il se trouvait toujours en danger de faire, dans sa tendance au perfectionnisme, à partir de travaux paraissant au début de peu d'importance des projets impossibles à achever.

Baldaquin au-dessus du maître-autel dans la cathédrale de Palma restaurée par Gaudí.

Le palais épiscopal d'Astorga

S'il y a un bâtiment de Gaudí qui mérite l'appellation de néogothique, c'est bien le palais épiscopal d'Astorga, près de León. L'ancien palais avait été détruit par un incendie. En 1887, l'évêque, Juan Bautista Grau i Vallespinós demanda à Gaudí de dessiner un nouveau palais épiscopal. Grau était originaire de Reus comme Gaudí. Avant d'être ordonné évêque, il avait été vicaire général de l'archevêché de Tarragone. Pour Gaudí, cette commande n'arrivait pas au meilleur moment; il était au beau milieu de son travail de conception de la Sagrada Familia et le palais Güell était également en chantier. Pourtant Gaudí ne prit pas cette tâche á la légère. Il fit venir des plans précis de l'emplacement ainsi que des photographies des environs. Ce sont surtout ces dernières qui le guidèrent dans la conception de l'aspect extérieur du bâtiment. L'évêque fut ravi par ses plans; en revanche, l'Académie de San Fernando de Barcelone dont l'assentiment était nécessaire pour le projet de construction se montra plutôt réservée. On reconnaissait déjà ici la situation problématique du chantier que Gaudí devait connaître jusqu'à l'interruption avant terme de la construction en 1893.

Façade principale du palais épiscopal d'Astorga. Les statues d'anges en zinc des deux côtés devaient initialement être placées sur le toit.

222

1. Plan du 1ᵉ étage (étage principal)
2. Plan de l'étage mansardé
3. Vue frontale du sud-est
4. Coupe verticale

0   10m

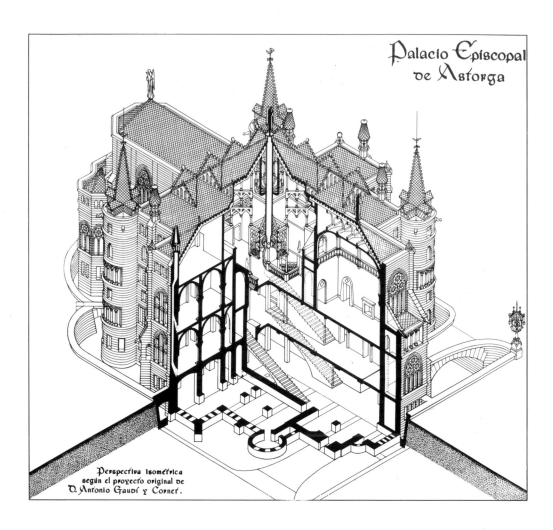

Palacio Episcopal de Astorga

Perspectiva Isométrica según el proyecto original de D. Antonio Gaudí y Cornet.

Dessin en perspective respectant les proportions selon une esquisse de Gaudí.

Tant que son protecteur, l'évêque fut en vie, il put réaliser assez largement ses idées après avoir révisé deux fois ses plans selon le désir de l'Académie. Tout à fait à l'encontre de ses habitudes ultérieures, il présenta dans ce cas des plans d'une grande précision sans doute aussi pour prévenir les objections prévisibles.

Conformément au caractère et à la fonction du bâtiment, il s'est surtout basé sur le style néogothique propagé par Viollet-le-Duc. Selon les recommandations de ce théoricien, une étude intensive des anciens monuments gothiques était la condition nécessaire à la création d'une nouvelle architecture; néanmoins, il avait fermement déconseillé une imitation directe de ces modèles.

Gaudí réalisa à la perfection ce programme. Il se rapprocha même tant des modèles historiques qu'il eut même recours, pour les chapiteaux des colonnes de l'étage principal, au gothique français: les abaques en étoiles à huit branches sont des imitations de la Sainte-Chapelle à Paris. Sinon l'impression gothique de l'édifice reste floue. Les tours rondes évoquent plutôt un château fort qu'un édifice religieux. L'entrée fortement avancée présente certes des arcs monumentaux, néanmoins ceux-ci sont aplatis de sorte qu'ils ne tendent pas vers le haut mais paraissent presque rabaissés. Même les fenêtres ont une forme ogivale atténuée. Seule la salle à manger étonnamment claire du fait de ses nombreuses fenêtres manifeste des traits essentiellement gothiques. Néanmoins, plusieurs critiques considèrent ce palais épiscopal comme le meilleur exemple de néogothique espagnol.

Pour les murs externes, Gaudí a utilisé — contrairement à ce qu'il a fait jusqu'ici — du granit blanc. Ce matériau devait en premier lieu constituer un attrait optique, mais il avait également pour Gaudí une fonction spirituelle: le palais épiscopal devait, d'un point de vue optique, représenter le blanc de la chape d'évêque. Cette façade blanche devait trouver son couronnement dans le toit également blanc, mais cela ne fut pas. L'évêque Grau mourut avant l'achèvement des travaux et l'administration diocésaine n'avait à priori pas fait grand cas des plans de Gaudí. Elle essaya de se mêler de l'affaire sur quoi Gaudí, outré, abandonna la direction de travaux . Il doit même avoir eu l'intention de brûler les plans ce qu'en tout cas il ne fit pas. Selon sa volonté, le bâtiment ne devait pas être achevé; lui-même jura de ne plus jamais remettre les pieds à Astorga, ni même de le survoler en ballon.

Aussi l'achèvement du palais se fit-il attendre. Les architectes qui prirent sa suite s'écartèrent de ses dessins ce qui provoqua certains écroulements. Ce n'est qu'en 1961 qu'on put emménager dans le bâtiment.

Salle à manger au premier étage du palais épiscopal d'Astorga.

La Casa de los Botines

Etant donné que Gaudí avait entre temps noué d'innombrables contacts personnels, les commandes s'amoncelaient. Il était encore dans la dernière phase des travaux du palais épiscopal d'Astorga (à propos duquel se dessinaient déjà à l'horizon les problèmes avec l'administration épiscopale) qu'il reçut déjà une nouvelle commande à León. Deux bâtiments signés Gaudí dans cette ville relativement petite, cela fait beaucoup. León avait, à la fin du 19e siècle, exactement 16 000 habitants et ne se faisait pas particulièrement remarquer par son éclat architectonique. Seuls quelques grands bâtiments datant d'époques passées relevaient l'image de la ville: la cathédrale créée du 13e au 15e siècle, le grand monastère de San Marcos et un palais Renaissance assez sobre.

Les travaux de Gaudí ne jouissaient pas d'une bonne étoile. Son dessin des fondements ne correspondait pas au style habituel de la ville, on y déplorait le manque de piliers et lorsque Gaudí, au dessus du premier étage, construisit les dispositifs devant soutenir les tours d'angles qu'il avait prévues comme élément décoratif pour les côtés, on craignit à la ronde que la Casa de los Botines (ainsi désignée par le nom du père du propriétaire, Juan Homs i Botinàs) ne s'écroulât. En dépit de toutes les prédictions de malheur, la maison tint bon et ne présente encore de nos jours aucun signe de décrépitude; elle est, depuis, devenue le siège de la caisse d'épargne.

Gaudí n'y était pas pour rien dans cette attitude glacée de la population; jamais il ne s'était mêlé aux habitants, il ne s'était entretenu qu'avec l'évêque. Entre temps, il avait abandonné ses opinions anticléricales; les longues conversations qu'il avait eues avec l'évêque d'Astorga avaient fait leur effet. Son physique de dandy avait fait place à une apparence plutôt marquée d'ascétisme; il s'était coupé la barbe ainsi que ses cheveux longs.

Les clients de Gaudí, les frères Fernández (du nom desquels il arrive qu'on appelle aussi ce bâtiment Casa Fernández) étaient, en premier lieu, intéressés par un bâtiment commercial qui devrait également comporter des appartements à louer aux étages supérieurs. Gaudí s'en tint strictement aux fonctions de l'immeuble: il mit des entrepôts au sous-sol, au-dessus, des bureaux. Les premiers étages se passent de murs de soutènement, signe précurseur des constructions ultérieures de Gaudí. Exception faite d'un petit nombre d'éléments

Vue frontale. Gaudí a réalisé le dessin avec une précision peu commune. Il porte la signature de Gaudí et du propriétaire.

décoratifs, Gaudí a construit un bâtiment aux allures plutôt spartiates. Tel une grande masse de pierres, il se dresse au beau millieu de la ville sur la Plaza de San Marcelo. Pour contraster avec cette forme fondamentale massive, Gaudí intégra — conformément à son style de l'époque — des éléments néogothiques, certes en petit nombre: les fenêtres sont souvent en trois parties, paraissent donc plus larges, et sont arrondies sur les bords supérieurs. Seuls les nombreux encorbellements dépassant du bord du toit présentent des formes pointues selon le style gothique. Cependant, le bâtiment fait incontestablement partie de la triade des bâtiments d'inspiration gothique de Gaudí, au même titre donc que le palais épiscopal d'Astorga et que le Colegio Teresiano. Il tranche encore de nos jours sur l'image de la ville, mais apparemment les habitants s'y sont habitués. Au-dessus du portail d'entrée, Gaudí a placé une statue de Saint Georges, le tueur de dragon. Lorsqu'en 1950, on fit le projet d'ôter cette sculpture, cela souleva l'indignation générale. La sculpture fut maintenue. De nos jours, on ne porte plus sans façon la main sur un souvenir de l'architecte catalan.

Façade principale de la Casa de los Botines qui, par comparaison avec les autres maisons de Gaudí aux splendides décorations, a plutôt des allures spartiates.

Plans d'un hôtel de New York

Gaudí avait tout juste presque complètement terminé la Casa Milà que s'offrit à lui un second projet qui devait le séduire du fait de ses dimensions. En 1908, un homme d'affaires américain fut tellement enthousiasmé par l'audacieuse architecture de Gaudí qu'il lui demanda de construire à New York un gigantesque hôtel. Le projet n'a pas dépassé le stade de quelques dessins dans le style d'esquisses typiques de ces années chez Gaudí; pourtant, il trahit beaucoup de choses au sujet des idées de Gaudí dans ces années où il travaillait de manière de plus en plus intensive à la Sagrada Familia. Sur le plan de la forme, il est indéniable que la Sagrada Familia a joué le rôle de marraine auprès du projet d'hôtel. S'il avait été réalisé, New York posséderait une sorte de temple-hôtel. Gaudí projetait un bâtiment d'une hauteur d'environ 300 mètres (plus de deux fois plus que la hauteur prévue pour le clocher principal de la Sagrada Familia). Selon un plan horizontal circulaire, une tour centrale devait, telle un gigantesque fuseau, s'élever dans la forme elliptique bien connue; autour d'elle, Gaudí voulait grouper des bâtiments couronnés de coupoles — une grandiose incarnation de la foi américaine dans un développement économique tendant au gigantisme.

A droite et page 229: Dessins pour l'hôtel de New York

Ci-dessous: En 1892, Gaudí esquissa, pour la mission catholique à Tanger un bâtiment dont les tours — de même que dans le projet d'hôtel de New York — semblent des signes précurseurs des clochers de la Sagrada Familia.

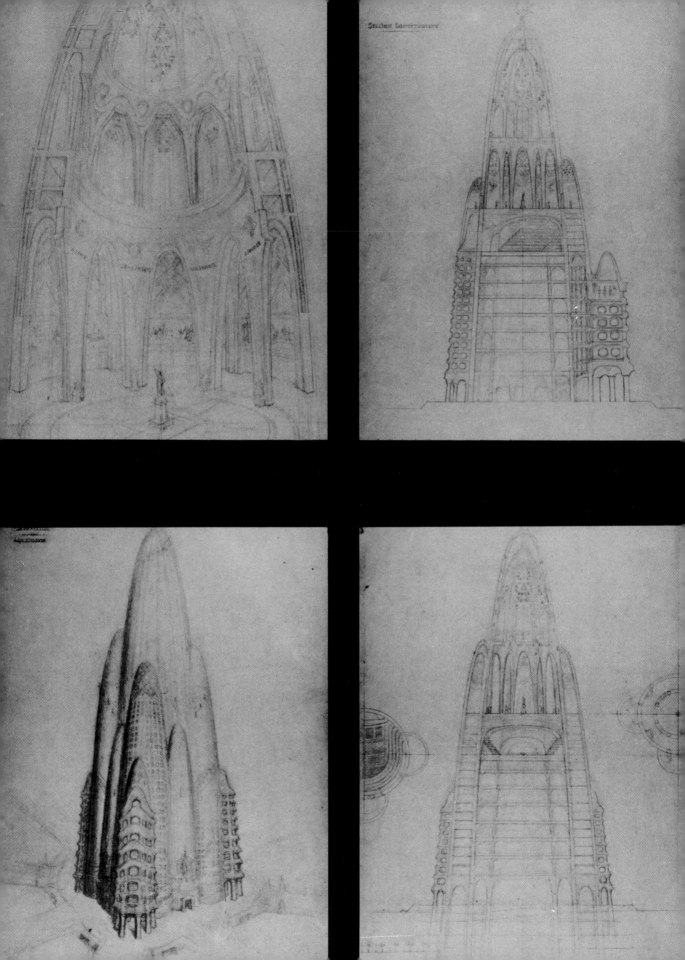

Les Bodegas Güell sont situées sur une colline à partir de laquelle on a une magnifique vue sur la Méditerrannée. Longtemps, on a attribué ce bâtiment à l'ami de Gaudí, l'architecte Francesc Berenguer i Mestres; mais probablement Gaudí et Berenguer ont-ils travaillé ensemble.

Les Bodegas Güell

Les Bodegas (caves vinicoles) que Gaudí a construites pour son mécène Eusebi Güell à Garraf près de Sitges ne sont souvent pas mentionnées dans les ouvrages consacrés à Gaudí parce qu'on les a longtemps attribuées à son ami, l'architecte Francesc Berenguer i Mestres. C'est un fait qu'à première vue, ce bâtiment ne paraît pas typique de Gaudí. Certes, la combinaison de pierres naturelles et de bandes de briques a certaines analogies avec les ouvrages de Gaudí des années 80 et 90; seulement, cette alliance de matériaux n'était pas une invention de Gaudí; il ne les utilisait qu'en décoration et faisait par là du matériau de construction même l'élément d'ornementation également des maisons. Les Bodegas sont d'une extrême diversité architectonique: au dessus des caves d'entrepôts à proprement parler se trouve un étage comprenant des logements au-dessus desquels il y a une chapelle. Ce bâtiment tranche tout à fait dans l'œuvre de Gaudí; même dans sa phase initiale pleine de fantaisie et d'inspiration mauresque, on ne trouve rien de semblable. Et pourtant on rencontre partout des structures à la Gaudí. Par exemple, on y trouve à plusieurs reprises, l'arc elliptique — en tant qu'arc de fenêtre bien moderne d'allure, en tant qu'entrée et finalement dans un pont menant à une tour d'apparence moyenâgeuse.

Le toit également comporte la signature de Gaudí, et ce une fois de plus, non pas dans l'aménagement de la surface mais dans la structure. Les toits de ces maisons devaient être à la fois «parasols et chapeaux», disait Gaudí — un principe qu'il a réalisé à la perfection dans la Casa Batlló. Dans les Bodegas, il l'a même poussé plus loin. Il a conçu tout le bâtiment à partir de la forme du toit. D'un côté, il s'étire presque jusqu'au sol, de sorte que le bâtiment ressemble à une tente. On l'a également comparé à une pagode de l'Extrême--Orient.

Un pavillon de concierge appartenant à ce complexe présente une autre caractéristique typique de Gaudí. L'arc du portail d'entrée est fermé par une grille composée de chaînes de fer qui n'est certes pas aussi grande que la porte au dragon du domaine Güell mais qui a tout de même des dimensions considérables. A l'instar de la porte au dragon, cette grille n'est accrochée que d'un côté qui est également plus haut que l'autre. La forme fondamentale de cette grille est identique à celle de la porte au dragon.

Pavillon d'entrée des Bodegas Güell. La maison du concierge et le portail constituent une unité.

Antoni Gaudí 1852-1926
Biographie et œuvre

1852 Naissance de Gaudí le 25 juin à Reus près de Tarragone. Son père est Francesc Gaudí i Serra et sa mère Antònia Cornet i Bertran.

1863-1868 Enseignement secondaire au Colegio de los Padres Escolapios de Reus, un établissement conventuel.

1867 Pour la première fois, Gaudí publie quelques dessins dans le journal «El Arlequín» rédigé à la main (tirage 12 exemplaires) à Reus. Gaudí dessine des décors de scène pour des représentations de théâtre scolaire.

La maison des parents de Antoni Gaudí à Rindoms (Tarragone).

1869-1974 Gaudí suit les cours propédeutiques aux études d'architecture à la Faculté des Sciences de l'Université de Barcelone.

1870 Dans le cadre des projets de restauration du monastère de Poblet, il dessine le blason de l'abbé.

1873-1877 Gaudí fait des études d'architecture à l'Escola Provincial d'Arquitectura à Barcelone. Durant ses études, il a réalisé de nombreux projets dont le portail d'un cimetière, un hôpital central à Barcelone et un embarcadère.

Au cours de ses études Gaudí travaille, pour gagner de l'argent, dans quelques bureaux d'architectes, entre autres, chez Josep Fontseré et Francisco de Paula de Villar qui commencera plus tard la construction de la Sagrada Familia. En collaboration avec Villar, Gaudí participe aux travaux du monastère de Montserrat.

1876 Mort de la mère de Gaudí.

1878 Peu avant la fin de ses études, Gaudí obtient sa première commande publique. Il doit dessiner des réverbères pour la ville de Barcelone. En 1879, les premiers réverbères sont installés à Barcelone.

Le 15 mars, Gaudí reçoit son diplôme d'architecte. Gaudí dessine une devanture pour le marchand de chaussures, Esteve Comella. La vitrine

Gaudí a reçu sa formation à l'Académie des Beaux-Arts.

Esquisse de Gaudí pour une affiche de la Coopérativa Mataronense.

attire l'attention d'Eusebi Güell qui entend ainsi parler pour la première fois de Gaudí.

En même temps, Gaudí travaille intensément à un projet pour la cité ouvrière de Mataró. Le projet est exposé en 1878 à l'exposition universelle de Barcelone. Après ses études, Gaudí entreprend avec l'Asociación de Arquitectos de Cataluña et l'Asociación Catalanista d'Excursions Científiques des excursions plus ou moins proches pour étudier des édifices anciens.

Gaudí obtient de Manuel Vicens i Montaner la commande de la construction d'une maison d'habitation.

1879 Mort de la sœur de Gaudí, Rosita Gaudí de Egea.

1881 Gaudí publie un article sur une exposition artisanale dans le quotidien La Renaixança. C'est la seule activité journalistique de Gaudí.

Entre temps les plans réalisés pour la cité ouvrière de Mataró sont imprimés à l'imprimerie Jepús et signés de la main de Gaudí.

1882 Gaudí travaille en collaboration étroite avec l'architecte Joan Martorell et grâce à lui, acquiert une connaissance intime de l'architecture néogothique.

1883 Projet d'un pavillon de chasse pour Eusebi Güell à Garraf (près de Sitges).

Le 3 novembre, sur proposition de Martorell, Gaudí succède à Villar pour la construction de la Sagrada Familia.

1883-1888 Travaux sur le chantier de la Casa Vicens; en même temps, début des travaux pour El Capricho, maison de campagne à Comillas (près de Santander) pour Don Máximo Díaz de Quijano. Etant donné que Gaudí séjourne la majorité du temps à Barcelone, il remet la direction des travaux à l'architecte Cristófol Cascante i Colom.

1884-1887 Gaudí construit pour Güell, sur le domaine de ce dernier à Les Corts, le complexe de l'entrée et des écuries. C'est le premier travail d'envergure pour Güell.

1886-1889 Gaudí construit, pour Güell, un palais dans la ville de Barcelone. Pendant ce chantier, il fait, en compagnie du marquis de Comillas, un voyage en Andalousie et au Maroc, ce qui peut être un signe de sa renommée grandissante.

1887-1893 Gaudí construit le palais épiscopal d'Astorga.

1888-1889 Gaudí poursuit la construction du Colegio Teresiano.

1891-1892 Construction de la Casa de los Botines à León. En même temps, Gaudí se rend à Malaga et Tanger pour visiter les lieux de la mission des Franciscains qu'il doit réaliser.

1893 Décès de l'évêque d'Astorga. Pour son protecteur, Gaudí dessine le catafalque pour l'enterrement et la pierre tombale. Il abandonne les travaux du palais épiscopal à cause de divergences d'opinions surgissant entre lui et l'administration épiscopale après la mort de l'évêque.

Vue de l'atelier de Gaudí dans la Sagrada Familia avec d'innombrables plâtres.

Photographie d'identité de Gaudí montrée à l'explosion universelle de Barcelone en 1878.

1894   Un jeûne trop strict met les jours de Gaudí en danger pendant le carême. Cet incident montre combien Gaudí s'est rapproché entre temps de la religion à l'égard de laquelle, pendant sa jeunesse, il avait une attitude plus que réservée.

1895-1901   Gaudí construit en collaboration avec son ami Francesc Berenguer i Mestres une cave vinicole pour Güell à Garraf (Sitges). Pendant longtemps, on a ignoré la collaboration de Gaudí à ce chantier.

1898   Gaudí commence les plans de l'église projetée pour la Colònia Güell. Les travaux se prolongent jusqu'en 1916 mais ne laissent cependant qu'un ouvrage largement inachevé. De l'église prévue, Gaudí ne construit que la crypte et le portique.

1898-1900   Gaudí construit la Casa Calvet à Barcelone; pour ce bâtiment, il obtient le prix de la ville pour la meilleure construction de l'année en 1900. C'est la seule reconnaissance officielle qui ait été attribuée à Gaudí.

1900   Gaudí reçoit la commande de créer le premier Mystère glorieux dans le cadre d'un grand projet de rosaire pour le monastère de Montserrat.

1900-1909   Sur le terrain où s'était élevée la résidence de campagne de Marti 1ᵉ, Gaudí construit pour Maria Sagués une maison de campagne dans le style d'un château médiéval. Le bâtiment est situé sur une hauteur en face de Barcelone et porte du fait du panorama qu'il offre le nom de «Bellesguard».

1900-1914   En 1900, Gaudí entame les travaux du projet ambitieux de Güell qui veut faire construire à Gràcia (à l'époque à la périphérie de Barcelone) un grand parc résidentiel. Des maisons d'habitations prévues, deux seulement furent construites à l'entrée du terrain. Jusqu'en 1914, Gaudí travaille à l'entrée, à la grande terrasse ainsi qu'au réseau complexe de sentiers et routes.

1901   Gaudí réalise pour le domaine du fabricant Miralles un mur et un porche.

Cortège funèbre devant la Sagrada Familia où fut enterré Gaudí.

1903-1914   Gaudí restaure la cathédrale de Palma (Majorque) — tentative de recréer l'intérieur de la cathédrale conformément à son ancien sens de la liturgie.

1904-1906   Gaudí effectue des modifications à la maison de Josep Batlló à Barcelone. Le résultat est une construction tout à fait nouvelle dans un style audacieux et révolutionnaire pour l'époque.

1906   Gaudí emménage dans une des maisons du parc Güell pour éviter à son père très âgé de monter un escalier. Son père meurt le 29 octobre de la même année.

1906-1910   Construction de la Casa Milà qui est pour Gaudí son projet d'immeuble d'habitation de la plus grande envergure.

1908   Gaudí reçoit la commande de la construction d'un hôtel à New York. On en reste aux ébauches qui trahissent une audacieuse vision architecturale.
La même année, Gaudí projette de construire une chapelle pour le Colegio Teresiano. Le projet n'aboutit pas en raison de divergences d'opinions entre Gaudí et la supérieure de l'établissement.
Début des travaux dans la Crypte Colònia Güell à Santa Coloma.

1909   Gaudí construit l'école paroissiale de la Sagrada Familia.

1910   A Paris a lieu une exposition de la Société Nationale des Beaux-Arts lors de laquelle sont présentés de nombreux ouvrages de Gaudí; c'est la seule grande exposition à l'étranger du vivant de Gaudí. Eusebi Güell accède au rang de comte.

1912   La nièce de Gaudí, Rosa Egea i Gaudí, meurt à l'âge de trente-six ans.

1914 Décès de l'intime collaborateur de Gaudí, Francesc Berenguer i Mestres. Gaudí avait, en sa compagnie, reçu son premier enseignement à Reus, chez le père de Berenguer.
Gaudí prend la décision de ne plus travailler désormais que pour la Sagrada Familia.

1926 Le 7 juin, Gaudí est happé par un tramway pendant une promenade à pied. Trois jours plus tard, il meurt à l'hôpital de la Santa Creu à Barcelone.

Gaudí (à gauche) donne des explications sur la Sagrada Familia à Eusebi Güell et à l'évêque Torras i Bages.

Genèse de la Sagrada Familia

1866 Josep Bocabella i Verdaguer fonde l'«Asociación Espiritual de Devotos de San José».

1875 Le plan d'une cathédrale suivant le modèle de la basilique de Lorette en Italie prend forme.

1877 L'architecte du diocèse, Francisco de Paula de Villar se propose de dessiner un plan gracieusement.

1882 Le 19 mars, pose de la première pierre conformément au plan de Villar.

1883 Le 3 novembre, Gaudí entre dans ses fonctions d'architecte de la Sagrada Familia après le départ de Villar.

1884-1887 Construction de la crypte.

1885 Inauguration de la chapelle Saint Joseph. 1891-1900 construction de la façade est.

1898 Gaudí décide de modifier les plans des clochers de la façade est. Le plan de base initialement carré devient circulaire.

1900 La décoration des trois portails de la façade orientale est terminée pour le gros œuvre. Les clochers ont atteint une hauteur de 32 mètres.

1906 A partir de ce moment, les travaux n'avancent que lentement pour des raisons de manque d'argent.

1914 Les travaux sont complètement interrompus pour des raisons d'argent. Le coût de la construction a déjà atteint jusque-là 3,3 millions de pesetas. Réalisation d'une maquette en plâtre de l'église dans son entier.

1918 Le plan définitif de Gaudí pour la façade de la Passion (côte ouest) est terminé.

1925 Le 30 novembre le clocher dédié à Saint Barnabé est achevé.

1926 Le 10 juin, Gaudí décède et est enterré dans la crypte.

1927-1930 Les trois clochers restant de la façade est sont achevés.

1936 Incendie dans la crypte. Les archives de Gaudí comprenant des plans et des maquettes sont en parties détruites.

1954 Début des travaux des murs de la façade ouest.

1976 Cinquantenaire de la mort de Gaudí. Les pointes des clochers de la façade ouest sont achevées.

1985 Achèvement de la façade ouest.

Emplacement des ouvrages

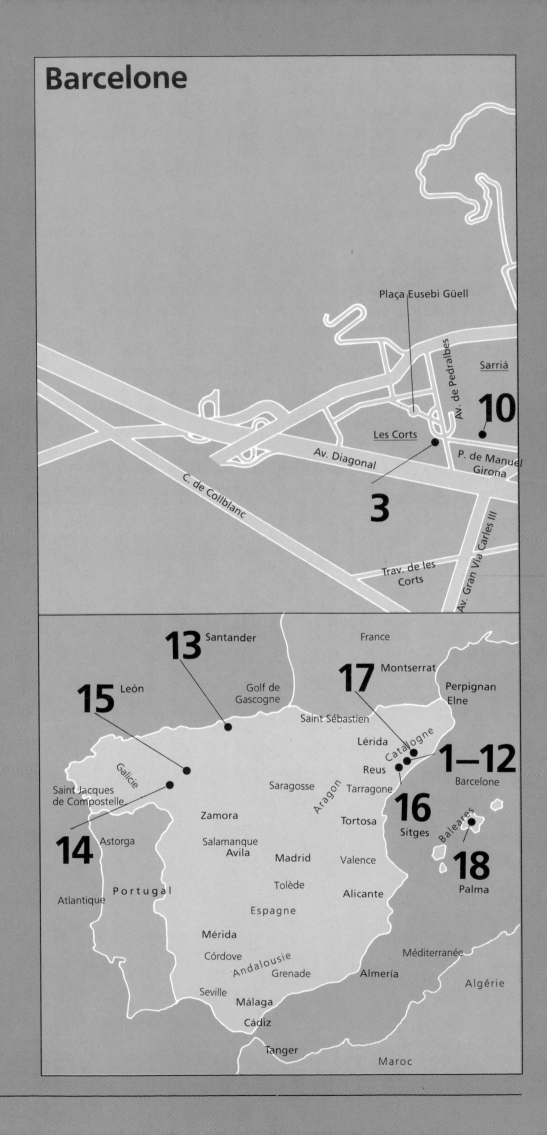

Barcelone

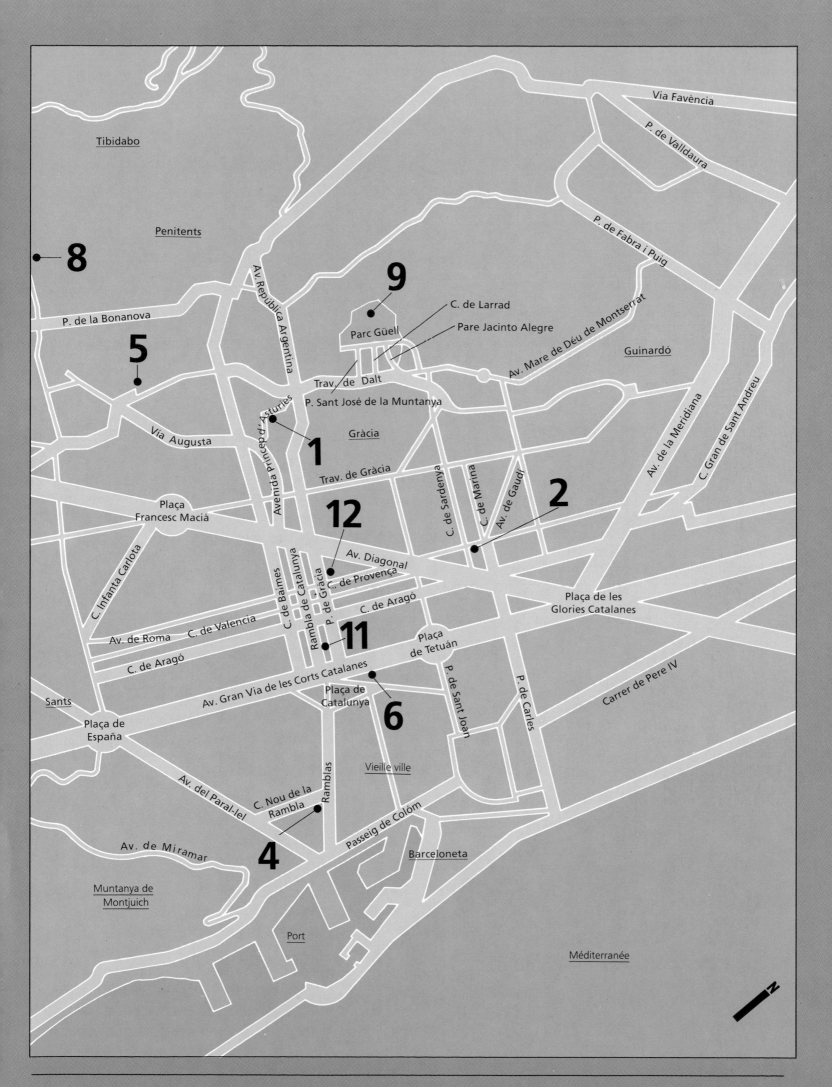

8

Tibidabo

Penitents

P. de la Bonanova

5

Via Augusta

Av. República Argentina

Avenida Princep d'Asturies

9

Parc Güell

C. de Larrad

Pare Jacinto Alegre

Av. Mare de Déu de Montserrat

Guinardó

Trav. de Dalt

P. Sant José de la Muntanya

Gràcia

1

Trav. de Gràcia

C. de Sardenya

C. de Marina

Av. de Gaudí

2

P. de Fabra i Puig

P. de Valldaura

Via Favència

Av. de la Meridiana

C. Gran de Sant Andreu

Plaça
Francesc Macià

12

Av. Diagonal

C. de Provença

Plaça de les
Glories Catalanes

C. Infanta Carlota

C. de Balmes

Rambla de Catalunya

P. de Gràcia

C. de Aragó

Plaça
de Tetuán

Av. de Roma

C. de Valencia

11

P. de Sant Joan

P. de Carles

Carrer de Pere IV

C. de Aragó

Av. Gran Via de les Corts Catalanes

Plaça de
Catalunya

6

Sants

Plaça de
España

Vieille ville

Av. del Paral-lel

C. Nou de la
Rambla

Ramblas

Passeig de Colóm

Barceloneta

Av. de Miramar

4

Muntanya de
Montjuich

Port

Méditerranée

N

Bibliographie

De nos jours, les études consacrées à Gaudí ne se comptent plus. Au début, seuls les proches amis de Gaudí osaient s'exprimer sur les ouvrages et intentions du maître. Mais bientôt, on vit surgir un véritable flot de publications traitant des aspects futuristes de Gaudí.

Une bibliographie de l'American Association of Architectural Bibliographers pour la seule année 1973 mentionne 843 titres sur Gaudí et son architecture.

Depuis, d'autres publications sont encore parues.

Cet ouvrage-ci ne se conçoit pas comme une nouvelle contribution scientifique aux études déjà existantes; il n'est qu'une initiation à l'œuvre de Gaudí qui souhaite susciter l'intérêt pour cet architecte et peut-être donner envie d'entreprendre un voyage en Espagne (où il n'est guère nécessaire de beaucoup circuler puisque la majeure partie de l'œuvre se trouve à Barcelone).

Aussi n'a t-on retenu qu'une bibliographie non exhaustive pouvant néanmoins peut-être aider le lecteur à aborder Gaudí.

On trouvera une introduction générale à l'Art Nouveau rendant hommage à la contribution de Gaudí à ce style dans:

Schmutzler, Robert: Art-Nouveau — Jugendstil. Stuttgart, 1962.

Madsen, Stephan Tschudi: Sources of Art Nouveau, New York 1955, 488 p.

Il sera fort utile de consulter le volumineux catalogue de l'exposition ayant eu lieu en 1986 à la Villa Stuck de Munich. Il représente, plus qu'un catalogue d'exposition, une introduction bien illustrée à l'architecture de Gaudí.

L'ouvrage de César Martinell sur Gaudí reste irremplaçable. Martinell a parlé à un grand nombre des contemporains de Gaudí et fournit donc une ample documentation sur la personne de l'architecte à laquelle on n'aurait guère accès par ailleurs dans la mesure où Gaudí s'est rarement exprimé par écrit. La plupart du temps, on en est réduit à ce qui nous a été rapporté des paroles qu'il a prononcées.

Martinell, César: Antonio Gaudí (édition espagnole: Barcelone, 1967; édition italienne: Milan, 1955; édition anglaise: Barcelone, 1975)

Collins, George R: Antonio Gaudí (édition anglaise: New York, 1960; édition allemande: Ravensburg, 1962)

Sert, José Luis: Gaudí, visionnaire et précurseur dans L'Oeil 1/2 (15. fév. 1955) New York

Leblond, Maruis Ary: Gaudí et l'architecture méditerranéenne dans L'Art et les artistes 11 (1910)

Flouquet, P. L.: Surréalisme et architecture à propos de Gaudí y Cornet, dans La Maison, Bruxelles 8/11 (nov. 1952)

Dali, Salvador: De la beauté terrifiante et comestible de l'architecture modern style dans Minotaure, n°: 3-4 (1933)

Dalisi, Ricardo: Antonio Gaudí: Möbel und Objekte, Stuttgart 1981

Giedon-Welcker, C.: Park Güell de A. Gaudí. Barcelone, 1966 (texte en espagnol, allemand, anglais et français)

Hitchcock, Henry-Russel: Gaudí. New York, 1957

Güell, Xavier: Antonio Gaudí, Zurich et Munich 1987

Rafols, José F.: Gaudí. Barcelone, 1960 (3ᵉ éd.)

Schweitzer, Albert: Aus meinem Leben und Denken (Leipzig 1932) contenant un souvenir ancien d'une rencontre de Gaudí

Solà-Morales, Ignasi de: Gaudí, Stuttgart 1983

Sterner, Gabriele: Antonio Gaudí y Cornét. Architektur als Ereignis, Cologne 1979

Sweeney, James Johnson et Sert, Josep Lluís: Antonio Gaudí. Stuttgart 1960

Wiedemann, Josef: Antoni Gaudí. Inspiration in Architektur und Handwerk, Munich, 1974